JN197530

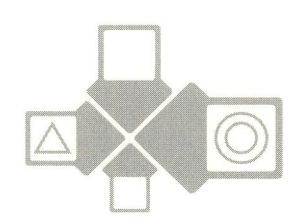

3時間でわかる

株式会社 新経営サービス
人事戦略研究所 所長
山口俊一 ［著］

同一労働
同一賃金入門

Equal pay
for
Equal work

中央経済社

まえがき

働き方改革関連法が，2018年6月に成立しました。
今回の法改正では，次の3点が最大のポイントとなります。

①時間外労働の上限規制の導入
　（大企業：2019年4月〜，中小企業：2020年4月〜）
②年次有給休暇の確実な取得
　（大企業，中小企業とも，2019年4月〜）
③正規・非正規雇用労働者間の不合理な待遇差の禁止
　（大企業：2020年4月〜，中小企業：2021年4月〜）

　このうち，「③正規・非正規雇用労働者間の不合理な待遇差の禁止」が，いわゆる「同一労働同一賃金」の内容です。非正規雇用労働者とは，パート・アルバイト，契約社員，定年再雇用者，派遣社員といった雇用形態で働く人たちのことです。
　同一労働同一賃金については，2020年4月から，猶予期間が設けられている中小企業でも，2021年4月から適用となります。これまでも同一労働同一賃金のルールが皆無だったわけではありませんが，これからはより厳格に，正社員と非正規社員の間の不合理な賃金差や待遇差が問われることになります。
　企業の経営者や人事・総務担当者にとっては，労働時間関連の対応を行ったあと，すぐに対応方針を検討しなければなりません。しかも，時間外労働や有給休暇の問題以上に複雑で，どこまで対応すればよいのかの判断が難解なテーマといえるでしょう。

　企業の経営者や人事担当者は，法律の施行までに，非正規社員を中心とした人事処遇制度を見直す必要があります。厚生労働省はガイドラインを示していますが，不明確な点もあり，それだけを頼りに社内のルールづくりを考えていくことは難しいと思われます。

　本書では，ガイドラインの解説に加えて，同一労働同一賃金の先進事例や関連判例，各社の対応状況などを紹介しながら，自社の対応方針が検討できるように解説しています。

　同一労働同一賃金の新しいルールに積極的に取り組んでいけば，この状況をチャンスに変えることもできます。社内に「攻めの人事制度」を構築すれば，非正規社員を中心に人材確保や定着につながり，社内を活性化させることができるからです。ただし，これには人件費の大幅な上昇をともないます。

　一方，現時点で必要不可欠な項目に絞れば，社内制度の改定を必要最小限にとどめることもできます。そうすれば，一定のコンプライアンスを維持しながら，人件費の上昇を抑制することも可能です。

　このように，今回の「同一労働同一賃金」への対応については，会社によって大きく対応が異なるでしょう。本書が，法改正や他社の状況を正確に理解したうえで，自社の人事方針に沿った適切な対応をするための一助となれば幸いです。

　2019年8月

山口俊一

もくじ

第1章

同一労働同一賃金と働き方改革関連法の関係

同一労働同一賃金は，政府肝いりの政策である働き方改革の重要施策のひとつです。これまでの流れや法改正の考え方などをみていきます。

1 / 大企業に先行導入，中小企業は１年の猶予がある

　企業の人事担当者が，同一労働同一賃金について検討を始めるには，関係する法律を確認しておく必要があります。

　新しい同一労働同一賃金に関する規定は，働き方改革関連法に盛り込まれています。

　働き方改革関連法（正式名称「働き方改革を推進するための関係法律の整備に関する法律」）は，2018年６月に成立しました。

　働き方改革関連法の内容は，①労働基準法，②労働安全衛生法，③労働時間等設定改善法，④じん肺法，⑤雇用対策法，⑥労働契約法，⑦パートタイム労働法，⑧労働者派遣法の８つの労働関係法の改正（以下，「今回の改正」という）となっています。

　これら法律の改正により，主に以下のような「働き方改革」に関する制度が，改正もしくは創設されることになります。

〈労働時間法制の見直し〉

①残業時間の上限の規制

②年５日間の年次有給休暇取得の義務づけ

③高度プロフェッショナル制度の創設

④フレックスタイム制の拡充

⑤勤務間インターバル制度の導入（努力義務）

⑥労働時間の客観的な把握の義務づけ

⑦産業医・産業保健機能の強化

⑧（中小企業に対する）月60時間超の残業の割増賃金率の引上げ

〈雇用形態に関わらない公正な待遇の確保〉

①不合理な待遇差をなくすための規定の整備

②労働者に対する待遇に関する説明義務の強化

③行政による助言・指導等や行政ADRの規定の整備

　それぞれの主な内容と施行時期については，次の労働局資料をご覧ください。

働き方改革関連法の主な内容と施行時期

▶労働時間法制の見直しについて	実施時期				
	2019年 4月	2020年 4月	2021年 4月	2022年 4月	2023年 4月
①残業時間の上限の規制 残業時間の上限は，原則として月45時間・年360時間とし，臨時的な特別の事情がなければこれを超えることはできません。 臨時的な特別の事情があって労使が合意する場合でも， ・年720時間以内 ・複数月平均80時間以内(休日労働を含む) ・月100時間未満(休日労働を含む)を超えることはできません。 また，原則である月45時間を超えることができるのは，年間6か月までです。			大企業 →		
			中小企業 →		
②年5日間の年次有給休暇付与の義務づけ 使用者が労働者の希望を踏まえて時季を指定，年5日の付与が義務化されます。					
③高度プロフェッショナル制度の創設 高度専門職を労働時間規制から外し，新たな規制の枠組みが創設されます。 (制度導入には法律に定める企業内手続きが必要)		大企業 →			
	中小企業 →				
④フレックスタイム制の拡充 労働時間の調整が可能な期間(清算期間)が延長されます。 (1か月→3か月)					

▶労働時間法制の見直しについて	実施時期				
	2019年4月	2020年4月	2021年4月	2022年4月	2023年4月
⑤勤務間インターバル制度の導入（努力義務） 1日の勤務終了後，翌日の出社までの間に，一定時間以上の休息時間（インターバル）を確保する仕組みです。					
⑥労働時間の客観的な把握の義務づけ 裁量労働制が適用される人や管理監督者も含め，すべての人の労働時間の状況が，客観的な方法その他適切な方法で把握されるよう法律で義務づけられます。		大企業 → 中小企業 ⇢			
⑦産業医・産業保健機能の強化 事業主から産業医への情報提供や産業医等による労働者の健康相談等が強化されます。					
⑧月60時間超の残業の割増賃金率の引上げ 2023年4月から中小企業の割増賃金率が引き上げられます。 （25%→50%）					⇢

▶雇用形態に関わらない公正な待遇の確保	実施時期				
	2019年4月	2020年4月	2021年4月	2022年4月	2023年4月
①不合理な待遇差をなくすための規定の整備 同一企業内において，正規雇用労働者と非正規雇用労働者（短時間労働者・有期雇用労働者・派遣労働者）との間で，基本給や賞与などの個々の待遇ごとに，不合理な待遇差を設けることが禁止されます。		大企業 →			
②労働者に対する待遇に関する説明義務の強化 非正規雇用労働者は，「正社員との待遇差の内容や理由」など，自身の待遇について説明を求めることができるようになります。		短時間労働者・有期雇用労働者の規定について，中小企業は2021年4月から適用 中小企業 →			
③行政による助言・指導等や行政ADRの規定の整備 都道府県労働局において，無料・非公開の紛争解決手続きを行います。「均衡待遇」や「待遇差の内容・理由」に関する説明についても対象となります。					

出所：労働局資料

　このうち，「雇用形態に関わらない公正な待遇の確保」の3項目が，本書で扱う「同一労働同一賃金」に対応する部分になります。

　今回の法改正により，大企業は2020年4月1日までに，同一労働同一賃金を導入しなければなりません。中小企業には1年間の猶予期間があり，2021年4月1日までに導入することになります。

　そのため，大企業は遅くとも2019年中には社内方針を決めておく必要があるでしょう。一方で中小企業は，これから大企業が施策を打ち出していくので，その様子をうかがいながら，方針検討を進めたほうがいい

と思います。その間は，現状整理や情報収集などの準備を進めてくださ
い。

2 / 今回の改正前から 同一労働同一賃金は存在していた

　同一労働同一賃金は，今回の法改正によって世間の注目を集めていますが，その内容に関連した法律は以前から存在していました。

　たとえば，労働基準法には次のような条文があります。

労働基準法第3条（均等待遇）

使用者は，労働者の国籍，信条又は社会的身分を理由として，賃金，労働時間その他の労働条件について，差別的取扱をしてはならない。

　国籍，信条，社会的身分が違うことを理由に，賃金や労働時間など労働条件の差別的な取り扱いをしてはならない，と書かれています。

　2019年4月から，出入国管理法の改正により外国人労働者の受け入れが拡大していますが，「外国人だから」という理由で，日本人の労働者より安い賃金で働かせることはできないのです。

　さらに労働基準法第4条は，女性の賃金を男性より低くしてはならない，と定めています。

労働基準法第4条（男女同一賃金の原則）

使用者は，労働者が女性であることを理由として，賃金について，男性と差別的取扱いをしてはならない。

　しかしながら，これら国籍や性別による差別禁止の法律は，これまでどおり変更がありません。

　同一労働同一賃金に関する今回の法改正は，「労働契約法」「パートタイム労働法」「労働者派遣法」という3つの法律について行われています。

　現在の労働契約法第20条には，このように書かれています。

労働契約法20条（期間の定めがあることによる不合理な労働条件の禁止）

有期労働契約を締結している労働者の労働契約の内容である労働条件が，期間の定めがあることにより同一の使用者と期間の定めのない労働契約を締結している労働者の労働契約の内容である労働条件と相違する場合においては，当該労働条件の相違は，労働者の業務の内容及び当該業務に伴う責任の程度，当該職務の内容及び配置の変更の範囲その他の事情を考慮して，不合理と認められるものであってはならない。

　契約社員などの期間の定めがある有期社員に対し，業務内容・責任や配置条件を考慮して，正社員との間で不合理な労働条件にしてはならない，と明記されています。

　そしてパートタイム労働者に対しては，さらに厳しいルールが存在しています。

パートタイム労働法第９条（差別的取扱いの禁止）

事業主は，職務の内容が当該事業所に雇用される通常の労働者と同一の短時間労働者であって，当該事業所における慣行その他の事情からみて，当該事業主との雇用関係が終了するまでの全期間において，その職務の内容及び配置が当該通常の労働者の職務の内容及び配置の変更の範囲と同一の範囲で変更されると見込まれるものについては，短時間労働者であることを理由として，賃金の決定，教育訓練の実施，福利厚生施設の利用その他の待遇について，差別的取扱いをしてはならない。

　仕事の内容や配置条件が正社員と同じであれば，パート（短時間労働者）だからといって，賃金などの待遇を変えてはならない，と定めています。

　さて，以上の内容は今回の法改正の「前提」になります（労働者派遣法については後述）。

　今回の改正では，労働契約法20条がパートタイム労働法に「統合」され，強化されました。これにより法律の名称も，「短時間労働者及び有期雇用労働者の雇用管理の改善等に関する法律」に変わります。

　この対象には，契約社員やパート社員だけでなく，定年後に同じ会社に嘱託社員などのかたちで再雇用される人も含まれます。

　つまり，正社員ではない非正規社員をひとまとめにして「正社員と差別的な区別をしてはならない」と決めたのです。

　厚生労働省の言葉を借りると，「同一企業内における，正規雇用労働者と非正規雇用労働者の間の不合理な待遇差を是正する」ということになります。

3 / 法改正の「考え方」を読み解く

　では，企業の人事担当者は，自社の賃金制度が合理性を有するのかどうかを，どのように判定したらよいのでしょうか。

　厚生労働省は，今回の改正にともなう同一労働同一賃金について，以下のような「法改正の概要」を発表しています。

▎雇用形態に関わらない公正な待遇の確保
（パートタイム労働法，労働契約法，労働者派遣法の改正）▎

> 「働き方改革実行計画」に基づき，以下に示す法改正を行うことにより，同一企業内における正規雇用労働者と非正規雇用労働者の間の不合理な待遇差の実効ある是正を図る。

▶ **1. 不合理な待遇差を解消するための規定の整備**
- 短時間・有期雇用労働者に関する同一企業内における正規雇用労働者との不合理な待遇の禁止に関し，個々の待遇ごとに，当該待遇の性質・目的に照らして適切と認められる事情を考慮して判断されるべき旨を明確化。
  （有期雇用労働者を法の対象に含めることに伴い，題名を改正（「短時間労働者及び有期雇用労働者の雇用管理の改善等に関する法律」））
- 有期雇用労働者について，正規雇用労働者と①職務内容，②職務内容・配置の変更範囲が同一である場合の均等待遇の確保を義務化。
- 派遣労働者について，①派遣先の労働者との均等・均衡待遇，②一定の要件（同種業務の一般の労働者の平均的な賃金と同等以上の賃金であること等）を満たす労使協定による待遇のいずれかを確保することを義務化。
- また，これらの事項に関するガイドラインの根拠規定を整備。

▶ **2. 労働者に対する待遇に関する説明義務の強化**
- 短時間労働者・有期雇用労働者・派遣労働者について，正規雇用労働者との待遇差の内容・理由等に関する説明を義務化。

▶ **3. 行政による履行確保措置及び裁判外紛争解決手続（行政ADR）の整備**
- 1の義務や2の説明義務について，行政による履行確保措置及び行政ADRを整備。

出所：厚生労働省WEBサイトより

　この「法改正の概要」は，次の3つの柱からなっています。

> ①不合理な待遇差を解消するための規定の整備
> ②労働者に対する待遇に関する説明義務の強化
> ③行政による履行確保措置および裁判外紛争解決手続き（行政 ADR）の
> 　整備

　この３点は今回の改正の目玉なので後段で詳しく解説しますが，まず
は大まかにみておきましょう。

　「不合理な待遇差を解消するための規定の整備」とは，企業内の規定
で，正社員との比較において非正規社員にとって不合理な制度をつくっ
てはならない，ということを示しています。ここには，先ほど紹介した
有期社員に関する法律とパート社員に関する法律の合体も含まれていま
す。

　「労働者に対する待遇に関する説明義務の強化」とは，非正規社員か
ら「私の給料が正社員の給料と差があるのはなぜですか」「なぜ正社員
に支給されている手当がパートや契約社員には出ないのですか」などと
たずねられたら，会社側はきちんと回答しなければならない，という内
容です。

　したがって，人事担当者は，しっかりと説明できる態勢を整えておく
必要があります。

　「行政による履行確保措置および裁判外紛争解決手続き（行政 ADR）
の整備」により，非正規社員が差別的な待遇を受けたとき，法的手段に
訴えやすくなります。

　行政による履行確保措置とは，企業などの事業主に対して報告徴収，
助言，指導を行うことです。労働基準監督署が企業に対して調査しやす
くなります。

　裁判外紛争解決手続き（行政 ADR）とは，訴訟ではない方法で労使

間の紛争を解決していく方法です。「ジャッジ」するのは裁判所ではなく都道府県労働局ですので，訴訟ほど費用はかかりませんし，短期間で決着します。

　これまでは，契約社員やパート社員が差別的な待遇であったとしても，裁判に訴えることはハードルが高く，訴訟に至らないケースがほとんどでした。しかし，履行確保措置と行政 ADR の整備によってそのハードルは引き下げられますので，非正規社員からすると「訴えやすくなる」わけです。

　そして，会社側の視点に立つと「訴えられるリスクが増える」ことに他なりません。したがって，企業には労働者から訴えられないような制度づくりや対応が求められます。

4 中小企業の定義

　同一労働同一賃金の適用時期は，大企業は2020年4月1日から，中小企業は2021年4月1日からとなっています。この場合の「中小企業」の定義は，業種や資本金などによって異なり，以下のとおりです。

▌中小企業の定義（これ以外は，大企業）▐

業種	資本金 （または出資金）		常時雇用労働者数
小売・飲食業	5,000万円以下	または	50人以下
サービス業	5,000万円以下		100人以下
卸売業	1億円以下		100人以下
その他の業種	3億円以下		300人以下

　中小企業の定義は，原則「資本金3億円以下」または「常時雇用労働者数300人以下」（表中の「その他の業種」に該当）です。どちらかの条件を満たせば中小企業と認定されます。ここには，メーカーや建設業などが含まれます。たとえば，資本金が5億円あっても，常時雇用労働者が200人であれば中小企業となります。

　しかし，小売・飲食業，サービス業，卸売業は，その他の業種より中小企業認定が厳しくなっています。

　最も厳しいのは小売・飲食業で，「資本金5,000万円以下の企業」または「常時雇用労働者数50人以下」に該当しないと，大企業という扱いとなります。

　サービス業は，「資本金5,000万円以下の企業」または「常時雇用労働者数100人以下」となっています。たとえばIT企業もサービス業に含まれます。

　卸売業では，「資本金 1 億円以下」または「常時雇用労働者数100人以下」となっています。

　常時雇用労働者とは，正社員，パート，アルバイトなどの名称にかかわらず，以下の①または②のいずれかに該当する労働者のことです。

①期間の定めなく雇用されている者
②過去 1 年以上の期間について引き続き雇用されている者，または雇い入れ時から 1 年以上引き続き雇用されると見込まれる者（一定の期間を定めて雇用されている者または日々雇用される者であってその雇用契約期間が反復更新されて，事実上①と同等と認められる者）

　つまり②によると，短期バイトなどは「常時雇用労働者数」から除外できますが，長期間働いているパート社員は含まれます。したがって，小売・飲食業は案外容易に「中小企業ではない」企業（＝大企業）となってしまいます。そうなると，同一労働同一賃金を2020年 4 月から導入しなければなりません。

　経営者や人事担当者が「うちは中小企業」と認識していても，このように法律的に大企業として扱われることもあるので，注意が必要です。

5 / 均等待遇と均衡待遇

　今回の改正において「同一労働同一賃金を導入する」とは，正社員と非正規社員を均等あるいは均衡に待遇する，ということを示しています。

　均等待遇とは，差別的取扱いを禁止することです。職務内容や配置条件が同じ場合，賃金などの労働条件（待遇）を同じにしなければならない，ということです。言い換えれば，「同一労働なら同一待遇にしなさい」となります。

　一方，均衡待遇とは，不合理な待遇差を禁止することです。正社員と非正規社員の間の①職務内容，②職務内容と配置の変更範囲，③その他の事情——の３つの相違を考慮して，待遇や賃金などの労働条件を決めなければなりません。言い換えれば，「同一労働でないとしても，差別的ではないバランスのとれた待遇にしなさい」となります。

　均等・均衡待遇がなされているかどうかは，「それぞれの賃金・待遇項目」ごとにチェックすることがポイントです。

　たとえば，仮に契約社員の年収水準が「正社員の８割程度」であることは，仕事内容などから判断して妥当とします。しかし，その契約社員に対し，正社員に支給している特定の手当や賞与を支給していないと，「均衡待遇ではない」となるかもしれません。

　経営者や人事担当者は，手当や賞与，福利厚生などの待遇項目の１つひとつが，同一賃金判断の対象となることに注意してください。

▎不合理な待遇差を解消するための規定の整備①▎
（短時間労働者・有期雇用労働者）

【現行】
- 均等待遇規定（①職務内容，②職務内容・配置の変更範囲が同じ場合は差別的取扱い禁止）
  ［パート法9条］
  　⇒　短時間労働者についてのみ規定／有期雇用労働者については規定なし

- 均衡待遇規定（①職務内容，②職務内容・配置の変更範囲，③その他の事情の相違を考慮して不合理な待遇差を禁止）［パート法8条・契約法20条］
  　⇒　どのような待遇差が不合理に当たるか，明確性を高める必要

【改正】
- 新たに有期雇用労働者も均等待遇規定の対象とする。

- 均衡待遇規定の明確化を図る。
  それぞれの待遇（※）ごとに，当該待遇の性質・目的に照らして適切と認められる事情を考慮して判断されるべき旨を明確化。
  ※　基本給, 賞与, 役職手当, 食事手当, 福利厚生, 教育訓練など

- 均等待遇規定・均衡待遇規定の解釈の明確化のため，ガイドライン（指針）の策定根拠を規定。

	短時間	有期
均等	○　→　○	×　→　○
均衡	○　→　◎	○　→　◎
ガイドライン	×　→　○	×　→　○

　　×：規定なし　○：規定あり　◎：明確化

出所：厚生労働省WEBサイトより

6 / 派遣労働者の均等・均衡待遇

　今回の改正では，派遣労働者にも均等・均衡待遇が適用されます。

　しかし，その他の有期雇用社員やパート社員と大きく異なる点があります。それは，派遣会社（派遣元事業主）は，「派遣先労働者との均等・均衡方式」または「労使協定による一定水準を満たす待遇決定方式」のいずれかを採用することができる点です。

　本来，派遣者にとって同一労働同一賃金の比較対象となるのは，派遣会社の正社員ではなく，派遣先の正社員となります。派遣先企業で働いているからです。これが「派遣先労働者との均等・均衡方式」ということです。派遣先労働者と派遣労働者の均等・均衡を図る方法ですが，こちらは実現のハードルが高いでしょう。

　たとえば，人材派遣会社が，経理職2人をA社とB社にそれぞれ派遣したとします。

　もし，A社が大企業で従業員の平均年収が高く，B社は中小企業で従業員の平均年収が低い場合，均等・均衡待遇を派遣社員に導入したらどうなるでしょうか。A社に派遣された派遣社員の給与は高くなり，B社に派遣された派遣社員の給与は安くなります。これでは，派遣社員たちはA社に行きたがり，B社には行かなくなるでしょう。

　また，この方式では，派遣先企業は，受け入れ部署の比較対象となる正社員について，賃金などすべての待遇条件を派遣会社に開示しなければなりません。そうしないと，派遣会社は同一賃金になっているかどうか判断できないからです。しかし，これはどう考えても現実的ではないでしょう。

▌不合理な待遇差を解消するための規定の整備②▐

（派遣労働者）

```
【現行】
• 派遣労働者と派遣先労働者の待遇差
    ⇒ 均等待遇規定・均衡待遇規定ともなし（配慮義務規定のみ）
```

```
【改正】
• 派遣労働者について，(1)派遣先の労働者との労働者との均等・均衡待遇，(2)一定の要件を満たす労
  使協定による待遇のいずれかを確保することを義務化。
  (1)派遣先労働者との均等・均衡方式
    • 派遣労働者と派遣先労働者との待遇差について，均等待遇規定・均
      衡待遇規定を創設。
    • 派遣先になろうとする者に対し，派遣先労働者の待遇に関する情報
      提供義務を課す。
    • 教育訓練，福利厚生施設の利用，就業環境の整備など派遣先の措置
      の規定を強化。
  (2)労使協定による一定水準を満たす待遇決定方式
    派遣元事業主が，労働者の過半数で組織する労働組合又は労働者の過半数代表者と以下の要件を
    満たす労使協定を締結し，当該協定に基づいて待遇決定。

    • 賃金決定方法（次の(イ)，(ロ)に該当するものに限る）
      (イ)協定対象の派遣労働者が従事する業務と同種の業務に従事する一般労働者の平均的な賃金
        額と同等以上の賃金額となるもの
      (ロ)派遣労働者の職務内容，成果，意欲，能力又は経験等の向上があった場合に賃金が改善さ
        れるもの
    • 派遣労働者の職務内容，成果，意欲，能力又は経験等を公正に評価して賃金を決定すること
    • 派遣元事業主の通常の労働者（派遣労働者を除く）との間に不合理な相違がない待遇（賃金
      を除く）の決定方法
    • 派遣労働者に対して段階的・体系的な教育訓練を実施すること

• 派遣先事業主に対し，派遣料金の額について，派遣元事業主が上記(1)(2)を順守できるよう配慮義務
  を創設。
• 均等待遇規定・均衡待遇規定の解釈の明確化のため，ガイドライン（指針）の策定根拠を規定。
```

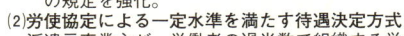

出所：厚生労働省WEBサイトより

　一方の「労使協定による一定水準を満たす待遇決定方式」は，派遣会社が，労働者（自社の派遣社員たち）の過半数で組織する労働組合か労働者の過半数代表者と，賃金などの待遇について労使協定を締結する方法です。こちらの方式であれば，A社に派遣された派遣社員の賃金とB社に派遣された派遣社員の賃金を，同額にすることができます。

　したがって，ほとんどの派遣会社は，こちらの労使協定による待遇決定方式を採用すると予測されます。

　これらは，派遣会社が対応すべきことであって，派遣社員を受け入れ

ている企業（派遣先企業）が対応することではありません。

　ただし，派遣社員を受け入れている企業にとっては，派遣会社に支払う派遣料が上昇する可能性が高くなります。そのような意味では，派遣先の会社も無関係ではありません。派遣先企業の人事担当者は，派遣会社から値上げを要請されるかもしれませんので，人件費コストへの影響は考えておく必要があるでしょう。

7 非正規社員に対して 待遇差を説明できなければならない

　これまで，短時間労働者や派遣労働者に対して定められていた「待遇内容や待遇決定に際しての配慮事項」に関する説明義務が，有期雇用労働者にも拡大されることになります。

　加えて，今回の法改正による重要なポイントは，非正規社員から正社員との待遇差について質問されたとき，理由を明確に説明する義務が課されることです。

　さらに，説明を求めた非正規社員に対し不利益な取り扱いをすることが禁じられます。たとえば，説明を求められた担当者が，「そのようなことをたずねるなら，次は契約更新しません」と言ってはいけない，ということです。

▌労働者に対する待遇に関する説明義務の強化▌

【現行】
- 待遇内容や待遇決定に際しての考慮事項に関する説明義務
    ⇒ 短時間労働者・派遣労働者は規定あり（※）／有期雇用労働者は規定なし
- 説明義務の対象は基本的に「本人の待遇」に関することのみ
    ⇒ 正規雇用労働者との待遇差の内容やその理由については説明義務なし
※短時間労働者［パート法］
    ①特定事項（昇給・賞与・退職手当の有無）に関する文書交付等による明示義務，その他の労働条件に関する文書交付等による明示の努力義務【雇入れ時】［パート法第6条第1項・第2項］
    ②待遇の内容等に関する説明義務【雇入れ時】［パート法第14条第1項］
    ③待遇決定等に際しての考慮事項に関する説明義務【求めに応じ】［パート法第14条第2項］
※派遣労働者［派遣法］
    ①待遇の内容等に関する説明義務【雇用しようとする時】［派遣法第31条の2第1項］
    ②待遇決定に際しての考慮事項に関する説明義務【求めに応じ】［派遣法第31条の2第2項］

【改正】
- 有期雇用労働者についても，本人の待遇内容及び待遇決定に際しての考慮事項に関する説明義務を創設。
- 短時間労働者・有期雇用労働者・派遣労働者について，事業主に正規雇用労働者との待遇差の内容・理由等の説明義務（求めた場合）を創設。
- 説明を求めた場合の不利益取扱い禁止を規定。

	短時間	有期	派遣
待遇内容	○ → ○	× → ○	○ → ○
待遇決定に際しての考慮事項	○ → ○	× → ○	○ → ○
待遇差の内容・理由	× → ○	× → ○	× → ○

×：規定なし ○：規定あり

出所：厚生労働省WEBサイトより

　したがって，非正規社員に対してきちんと説明できるようにしておくことが，経営者や人事担当者に求められます。

　たとえば，「正社員にこの手当が出ているのは，○○といった仕事をしているからです。非正規社員にはそのような仕事は求めていませんね」と説明できる必要があります。

　ただ，正社員にだけ食事手当や通勤手当を出している企業は，今後「違法」になる可能性があります。これらの手当は仕事内容とは関係がないため，「正社員には出ている食事手当や通勤手当を出さない合理的な理由」を説明することは簡単ではないからです。

　同一労働同一賃金については，今後マスコミが取り上げる機会が多く

なるでしょう。そうなると，人事担当者が非正規社員から問い合わせを受ける機会も増えるかもしれません。人事担当者は対応マニュアルを整備するなどして，きちんと説明できるようにしておいてください。

8 訴えやすくなる（訴えられやすくなる）

　実はこの法律自体には，罰則規定はありません。しかし，労働者が裁判に訴えて違法性が認められると，差額分を支払わなければなりません。それがニュースになると，企業イメージが大幅にダウンします。

　また，今回の改正で，行政による履行確保措置と裁判外紛争解決手続き（行政ADR）が整備されるので，非正規社員が不合理な待遇差の是正を訴えやすくなります。企業側からすると訴えられやすくなります。

　パートタイマーが労働基準監督署に行き，「うちの会社ではこうなっています」と訴えるだけで，労基署の職員がその会社に立ち入ることも想定されるのです。

▌行政による履行確保措置及び裁判外紛争解決手続（行政ADR）の整備▌

【現行】
- **行政による報告徴収・助言・指導等**
  ⇒　短時間労働者・派遣労働者は規定あり／有期雇用労働者は規定なし
- **行政による裁判外紛争解決手続（調停など）**
  ⇒　短時間労働者のみ規定あり／有期雇用労働者・派遣労働者は規定なし
  ⇒　短時間労働者についても，均衡待遇規定に関する紛争は対象外

【改正】
- 有期雇用労働者についても，**事業主に対する報告徴収・助言・指導等の根拠規定を整備。**
- 有期雇用労働者・派遣労働者について，行政による裁判外紛争解決手続（行政ADR）の根拠規定を整備。
- 均衡待遇や待遇差の内容・理由に関する説明についても行政ADRの対象に追加。

	短時間	有期	派遣
行政による履行確保措置	○　→　○	×　→　○	○　→　○
行政ADR	△(※)→　○	×　→　○	×　→　○

×：規定なし　△：部分的に規定あり　○：規定あり
※均衡待遇は行政ADRの対象外

出所：厚生労働省WEBサイトより

9 法律に「同一労働同一賃金」という言葉は出てこない

以上の内容をおさらいしておきます。

- ●今回の改正では，パート社員に関する法律と有期雇用労働者に関する法律を合体させ，強化した（非正規社員を一括で同一労働同一賃金の対象にした）。
- ●職務の内容や責任の程度，配置条件（転勤，職種間異動など）が正社員と同じなら，非正規社員に待遇差をつけてはならない。
- ●職務の内容や責任の程度，配置条件，その他の事情が正社員と同じでなかったとしても，これらの要素を考慮して，バランスのとれた待遇や賃金などの労働条件を決めなければならない。
- ●その際，基本給，賞与，手当，休日，その他の待遇の「それぞれ」について，待遇の性質および待遇を行う目的を確認し，待遇差の是非が判断される。

　特に，「それぞれ」の項目ごとに判断される点が重要です。年収額などを総合的にチェックするのではなく，たとえば「賞与はどうか」「通勤手当はどうか」「休日はどうか」といったように，それぞれの項目が比較対象となるのです。

　厚生労働省は同一労働同一賃金に関するガイドラインを示しているので，企業は自社の賃金制度がガイドラインに合致しているかどうか確認する必要があります。

　そして個別事案についての判断は，司法に委ねられることになります。すでに裁判の判例も出始めているので，後段で紹介します。

　さて，今回の改正に関わる法律には「同一労働同一賃金」という言葉

が出てきません。法律の名称にもなっていません。これはとても重要なポイントといえます。

　今回の改正の本質は，「非正規社員の差別的待遇禁止」なのです。

　たとえば，年功序列型賃金を採用しているメーカーで，50代の正社員の給料が20代の正社員の給料の２倍だったとします。このとき，20代の正社員が「自分は50代の正社員より仕事ができるのだから，同一労働同一賃金のルールに則って同じ給料をください」と主張しても，法律上は一切関係ありません。なぜなら，今回の法律は，正社員間の待遇差を対象にしていないからです。

　また，パートタイマーが「同業他社で自分と同じ仕事をしているパートタイマーに，○○手当が支給されています。うちの会社で支給されないのはおかしい」と訴えることもできません。同一労働同一賃金は，同じ会社内の正社員と非正規社員の関係を対象にしているからです。

　さらに，子会社の正社員が「自分は親会社からの出向者より，高度で責任が重い仕事をしているので，親会社並みの給料を支払ってほしい」という訴えも，同一労働同一賃金制度の対象外です。そもそも正社員同士ですし，親会社と子会社であっても別の企業だからです。

　整理すると，次の表のようになります。

　今回の法律は，あくまで非正規社員が同じ会社で働く正社員と比較して，不合理な待遇になっていないかどうかが問われる内容です。同じ会社の非正規社員や他社で働く正社員・非正規社員との比較は，関係ありません。

　また，正社員が，自社の正社員や非正規社員，あるいは他社の社員と比較して不合理であるかどうかも，問われません。

　その意味でも，「同一労働同一賃金法」ではないのです。あくまで，非正規社員の待遇を改善するための法律であることがわかります。

▌今回の改正における「当事者」「比較対象者」整理▌

当事者	今回の法律対象	比較対象者
非正規社員 （派遣労働者については，別ルールもあり）	○	自社の正社員
	×	自社の非正規社員
	×	他社の正社員・非正規社員
正社員	×	自社の正社員
	×	自社の非正規社員
	×	他社の正社員・非正規社員

10 「同一労働同一賃金」で，よく聞く疑問

①仕事ができる人は損をする？

　よく，「同一労働同一賃金になると，仕事ができる人は損をするのではないか？」とおっしゃる方があります。「同じ仕事に従事する人は，皆同じ賃金になってしまうのではないか」という理屈です。

　しかし，仕事ができる人が損をするということは起きません。

　たとえば，業績を上げている営業マンの給料を「同じ営業職だから」という理由で，業績を上げていない営業マンの給料と同額にする必要はありません。能力や成果によって賃金に差がつくことは，同一労働同一賃金の考え方に反しません。

　正社員か非正規社員か，あるいは国籍や性別といった要素で待遇差を設けてはいけないということです。

②今回，同一労働同一賃金を推進する目的は？

　日本では，正社員と非正規社員の待遇格差是正が最大の目的となっています。このテーマで先行するヨーロッパ諸国では，主として男女間の賃金格差是正を目的として推進されてきた点が異なります。

　また，日本の場合は，各社ごとでの待遇格差是正を指向しており，新たに非正規社員間での賃金格差拡大を招く懸念が発生します。たとえば，大企業のパート社員の待遇が大幅に改善されると，ますます中小企業のパート社員が集まらなくなる，といった問題が考えられます。

③「同一価値労働同一賃金」とは？

　ヨーロッパ諸国では，「同一労働同一賃金」ではなく，「同一価値労働

同一賃金」という表現のほうが一般的です。

　たとえば，力仕事など男性が得意な仕事と，美容など女性が得意な仕事があるとします。同一労働同一賃金を推進しても，男性が得意な仕事の賃金を高く，女性が得意な仕事の賃金を低くすれば，結果的に男女格差が是正されません。そこで，このように異なる仕事であっても，「知識・技能」「負担」「責任」「労働条件」といった要素で職務評価を行い，同レベルの価値と見なされた職務については同一賃金を設定すべき，という「同一価値労働同一賃金」という考え方が広まっているのです。この点でも，男女格差是正という意図が表れています。

④ 「同一労働」はどのように判断される？

　同じ職種（営業職や製造職など）というだけでなく，役割責任の重さや難易度，必要能力，期待成果など，合理的な違いがあれば，「同一労働」ではないということになります。

　また，今回の法律では，職務内容・配置の変更範囲，その他の事情も判断要素になるとしています。職務内容・配置の変更範囲とは，転勤の有無や職種間異動，職場配置の範囲を指しています。たとえば，「正社員は転勤があるけど，非正規社員は転勤がない」という場合には，「同一労働」ではないということになります。

　しかし，正社員の中にも，勤務地限定社員が存在する場合には，「転勤」に関する条件は同じということになるでしょう。また，本社以外に転勤がない中小・零細企業なども，同様です。

　その他の事情というのがわかりづらいですが，たとえば「定年後再雇用者」であることは，「その他の事情」に当たるという裁判所の判決例も出ています。

　ただし，同一労働かどうかのジャッジは非常に難解な判断ポイントで

あり，法律が施行されたあとも，さまざまな議論が出てくると考えられます。

　たとえば同じ小売業の販売業務でも，正社員の販売職には売上責任が課され，パート販売職には売上責任がないとします。この場合，同じ仕事内容であっても，責任は異なります。さらに，正社員にのみ販売だけでなく仕入も任されている場合も，パート社員の職務との相違点となるでしょう。

　また，正社員は別の店舗に異動する可能性があるのに，パート社員には異動がない場合も，職務内容・配置の変更範囲が異なるということになります。

　このように，具体的な違いを明確にしておくことは，正社員との賃金差を説明するうえで，非常に重要となります。

⑤非正規社員の待遇改善は，正社員の賃金引下げにつながらないか？

　政府内での議論でも，正社員の賃金水準を引き下げて同一賃金を実現することは認められない，という考え方が確認されています。ガイドラインにも，「労使で合意することなく通常の労働者の待遇を引き下げることは，望ましい対応とはいえない」と明記されています。

　しかし，非正規社員の待遇改善による人件費増により，収益力が低下する企業が出てくれば，賞与や昇給率など正社員の賃金への影響も避けられないと思われます。オランダでは，正社員の賃金抑制と労働時間短縮に労使合意することで，同一賃金と同時に，失業率低下や国際競争力強化を実現したといわれています。

⑥「同一労働同一賃金ガイドライン」とは何か？

　正式名称は「短時間・有期雇用労働者及び派遣労働者に対する不合理

な待遇の禁止等に関する指針」です。厚生労働省 WEB サイトによると，以下のように説明されています。

　本ガイドラインは，正規か非正規かという雇用形態にかかわらない均等・均衡待遇を確保し，同一労働同一賃金の実現に向けて策定するものです。

　同一企業・団体におけるいわゆる正規雇用労働者と非正規雇用労働者との間で，待遇差が存在する場合に，いかなる待遇差が不合理なものであり，いかなる待遇差は不合理なものでないのかを示しています。

　この際，典型的な事例として整理できるものについては，問題とならない例・問題となる例という形で具体例を付しています。

　不合理な待遇差の解消に向けては，賃金のみならず，福利厚生，キャリア形成・能力開発などを含めた取組が必要であるため，これらの待遇についても記載しています。

　本ガイドラインについては，関係者の意見や改正法案についての国会審議を踏まえ，労働政策審議会における議論を経て，最終的に確定されたものです。

　内容については，後で詳しくみていきますが，正直なところ，人事担当者にとって最も知りたい肝心の点がぼやかされたままで発表されています。正社員と非正規社員で賃金制度が異なる場合の対応方法，家族手当，住宅手当，退職金の扱いなどです。それらも含めた個別案件の是非は，裁判所の判断に委ねるということになっています。

　とはいえ，今回の改正後の裁判例を待っているわけにもいきません。企業としても，現時点では，このガイドラインを頼りに準備を進めていくことになります。

第2章
同一労働同一賃金に関して押さえておくべき前提

同一労働同一賃金の導入に関して，法律で決まったことについては，企業は必要な対策を講じなければなりません。

ただし，対策を考える前に，人事担当者として頭に入れておいていただきたい，いくつかの雇用環境や周辺の法律についても，触れておきたいと思います。

1 / 雇用形態別の実態と傾向

　下の表は，全労働者に占める雇用形態ごとの割合です。約25年前は「正社員8：非正規社員2」という割合でしたが，現在は「正社員6：非正規社員4」となっています。しかも，女性に限定すれば，非正規社員の割合は56％と，半数を超えています。

▎2018年　雇用形態別役員を除く雇用者割合▎

	正規の職員・従業員	非正規の職員・従業員	非正規職員・従業員の内訳					
			パート	アルバイト	労働者派遣事業所の派遣社員	契約社員	嘱託	その他
男女計	62.2%	37.8%	18.5%	8.1%	2.4%	5.2%	2.1%	1.4%
男	77.8%	22.2%	4.0%	7.5%	1.7%	5.2%	2.5%	1.3%
女	44.0%	56.0%	35.3%	8.8%	3.3%	5.3%	1.7%	1.5%

出所：労働力調査（総務省統計局）より

　非正規社員の中では，パート・アルバイトが最も多く，その次に契約社員となっています。定年退職後の再雇用者（定年再雇用者）は，ほとんどが嘱託に含まれており，男性に限定すれば，派遣社員より多くなります。
　派遣社員は，意外と少なく，2.4％となっています。
　後述しますが，同一労働同一賃金の導入を考える際には，

　①契約社員，パート・アルバイト
　②嘱託（定年再雇用者）
　③派遣社員

　といった区分で考えていくとよいでしょう。①②③で，少しずつ考え
方が異なるからです。

2／雇用形態別の賃金水準

次に，雇用形態別の賃金水準をみてみましょう。

正社員，フルタイム契約社員，パートタイマーについては，賞与も含めて時給を算出しています。

▌雇用形態別の平均時給の比較▌

雇用区分	平均時給 （賞与込み）	対比 （パートを1.0とする）
正社員	2,469円	2.22
フルタイム契約社員	1,495円	1.34
パートタイマー	1,112円	1.00
派遣労働者（賃金）	1,440円	1.29
派遣労働者（派遣料金）	2,108円	1.89

注1：厚生労働省　平成28年賃金構造基本統計調査，労働者派遣事業報告書より算出
注2：派遣労働者は，労働者派遣事業の有期雇用派遣労働者

パートタイマーの時給を「1.0」としたときの，対比に注目してください。

この表の中の「正社員」には管理職も含まれているので，非管理職社員だけに絞ると，大体2,000円強と考えてよいでしょう。つまり，おおまかにとらえると，国内の平均的な企業では，次のような賃金水準になっていることがわかります。

- パートの時給は，正社員の半分
- フルタイム契約社員や派遣社員の時給は，正社員の7割ほど

企業が自社の同一労働同一賃金を考えるということは，この「半分」

や「7割」に正当性があるのかどうかを考えることなのです。

　そして，正社員の平均年収が高い大企業ほど，同一労働同一賃金を実行するのは「大変」になります。パートの賃金水準は大企業でも中小企業でもあまり変わらないので，大企業ほど正社員の「対比の数値」は2.22より大きくなり，同一労働同一賃金を実現するための人件費コストが膨らむからです。

　また，パート社員を多く抱えている小売業，飲食業，ホテル業などでは，同一賃金化するコストに加え，パート社員の労働内容をチェックする作業も負担になるでしょう。

　企業の経営者や人事担当者は，同一労働同一賃金導入の準備として，自社の雇用形態別に時給を割り出しておいてください。

　なお，上記の表の全国平均の金額には，退職金は含まれていません。もし今後，非正規社員に対する退職金支給が求められることになれば，その分も加味しなければなりません。

3 / 関連する法律：改正労働契約法

　人事担当者は同一労働同一賃金を考えるうえで，平成24（2012）年8月に成立した，改正労働契約法を確認しておく必要があります。

　ここでポイントとなるのが，有期労働契約を繰り返し更新して通算5年超雇用したら，本人の申し込みにより無期労働契約に転換しなければならない，というルールです。

┃3つのルール┃

> **Ⅰ　無期労働契約への転換**
> 有期労働契約が繰り返し更新されて通算5年を超えたときは，労働者の申込みにより，期間の定めのない労働契約（無期労働契約）に転換できるルールです。
> **Ⅱ　「雇止め法理」の法定化**
> 最高裁判所で確立した「雇止め法理」が，そのままの内容で法律に規定されました。一定の場合には，使用者による雇止めが認められないことになるルールです。
> **Ⅲ　不合理な労働条件の禁止**
> 有期契約労働者と無期契約労働者との間で，期間の定めがあることによる不合理な労働条件の相違を設けることを禁止するルールです。

> **施行期日　Ⅱ：平成24年8月10日（公布日）　ⅠとⅢ：平成25年4月1日**

出所：改正労働法契約のポイント（厚生労働省）

　2018年4月から，5年超雇用してきたパート社員や契約社員が無期化対象となる動きが本格化してきました。

　ここでひとつ問題が生じます。

　それは，パート社員を無期化する場合と，フルタイム契約社員を無期化する場合では，同一労働同一賃金の取り扱いが変わってくる，ということです。

　5年超雇用したパートを無期化した場合，その人が短時間で働き続ける場合は，短時間労働者として，同一労働同一賃金によって守られる対

象になります。

　しかし，5年超雇用したフルタイム契約社員を無期化すると，有期雇用契約者ではなくなり，もちろん短時間労働者でもありません。すなわち，正社員側の扱いとなってしまいます。先述したとおり，正社員は同一労働同一賃金の比較対象とはなる反面，当事者としての立場から外れてしまいます。

　今後，フルタイム契約社員を無期化して，同一労働同一賃金の対象から外そうとする企業が現れるかもしれません。これは，同一労働同一賃金の仕組みの「抜け穴」といえます。この点については後述します。

4 関連する法律：高年齢者雇用安定法

次に，高年齢者雇用安定法をみてみます。企業の雇用義務年齢を，65歳まで引き上げる法律です。

65歳未満の定年を定めている事業主に対して，65歳までの雇用を確保するために，次のいずれかの措置を導入しなければなりません。

---

①定年の引上げ
②継続雇用制度の導入
③定年の定めの廃止

この②継続雇用制度の導入について，それまでは労使協定により基準を定めた場合は，希望者全員を対象としない制度も可能でした。しかし，平成24（2012）年の法改正により，希望者全員を対象とすることが義務づけられたのです。

経過措置により2022年3月までは63歳，2025年3月までは64歳となっていますが，2025年4月からはすべての会社が65歳までの雇用措置をとる必要があります。

▌65歳雇用義務化の経過措置▌

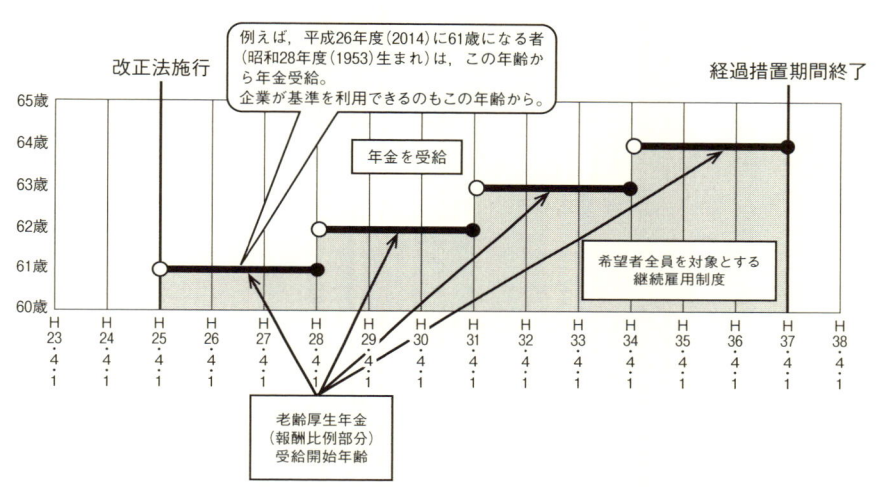

出所：高年齢者雇用安定法Q&A（厚生労働省）

　企業が65歳までの雇用を実施するには，①定年の引上げや，③定年の
定めの廃止も選択できますが，多くの企業は，②継続雇用制度の導入を
採用しています。

　継続雇用制度とは，60歳などの定年制は変えずに，本人の希望によっ
て定年以降も再雇用する方法です。

　人事担当者は，有期雇用となった定年再雇用者の同一労働同一賃金に
ついても，検討しなければなりません。

5 「抜け穴」問題

　同一労働同一賃金の実施は，非正規社員の賃金などの待遇を引き上げることになります。そこで，人件費の上昇を回避しようとする会社は，待遇引上げの対象となる従業員を減らそうとするかもしれません。

　その点では，今回の改正には，「抜け穴」があると考えられます。

　懸念されるのは，無期転換後のフルタイム契約社員です。先述したように，有期雇用契約者でも短時間労働者でもないため，今回の法律の対象外です。フルタイム契約社員を無期転換してしまえば，正社員との比較において，同一労働同一賃金かどうかが問われることがなくなります。

　とはいえ，フルタイム無期転換者をフルタイム有期契約者より低い待遇にするというのは現実的ではないので，間接的に正社員との格差は是正されることになると思います。有期契約者には賞与が出るのに，無期転換したら賞与が出ない，という制度はつくりづらいからです。

　定年延長についても，同じようなことがいえます。これまで，定年再雇用で嘱託契約社員として継続雇用していた会社が，65歳までの定年延長を選択すればどうでしょう。65歳定年制を選択すれば，65歳まで正社員なので，やはり同一労働同一賃金の対象外となります。通常，定年再雇用制度から定年延長に切り替える企業では，待遇改善をともなうケースが多いことも事実です。しかし，60歳までの賃金よりは一定水準引き下げる会社が多数派と考えられます。そのため，定年延長にともなう60歳以降の正社員の賃金水準が，新たな問題になるかもしれません。

　あと，今回問われるのは，同じ会社に所属する（同一の事業主に雇用される）正社員と比較した場合の，非正規社員の格差問題です。別の会社に所属する（異なる事業主に雇用される）正社員は，比較対象とはな

りません。そこで，非正規社員（あるいは正社員）を別会社で雇用し，業務請負や人材派遣のかたちで自社の業務に従事すれば，どうなるのでしょうか。

おそらく，これらのケースでも，実態を見たうえで適切な判断がなされるとは思いますが，このような「グレーゾーン」や「抜け穴」は，今後，社会問題になるかもしれません。

第3章
注目の判例と企業の対応

同一労働同一賃金の導入は，企業に人件費の上昇圧力が加わる重大なテーマです。

そして厚生労働省が示すガイドラインはあいまいな部分もあり，経営者や人事担当者が「自社のケース」をどう判断すべきか，迷うことでしょう。

そこで参考になるのが，裁判所が下した判断（判例）や，すでに同一労働同一賃金を導入した企業の先行事例です。

1 「契約社員に扶養手当不支給」は合理的か

　正社員に支給している家族手当（扶養手当）や住居手当，年末年始勤務手当を，契約社員に支給しなかったのは不合理な労働条件の相違に当たる，とした判例を紹介します。

　日本郵便株式会社の契約社員が，正社員との待遇格差を訴えた裁判です。

▶日本郵便，契約社員への扶養手当不支給は「不合理」
大阪地裁2018年２月21日　判決のポイント

▷**裁判の概要**

　集配・出荷業務などの契約社員が，正社員と同じ仕事内容にもかかわらず，手当など労働条件の格差は違法として訴えた。

▷**判決のポイント**

• 正社員と職務内容や責任に差はあるが，扶養手当，住居手当，年末年始の勤務手当の不支給は不合理な労働条件の相違に当たる。

• 扶養手当については生活保障給の性質があり，職務内容にかかわらず，家族を扶養する負担は正社員と変わらず，契約社員に支給されないのは不合理とした。

• 住居手当は，転居をともなう転勤がない一般職の正社員にも支給されており，契約社員に支給されないのは不合理とした。

　契約社員が「正社員と同じ仕事をしているのに，正社員と同じ手当が出ないのはおかしい」と訴えたわけです。

　大阪地裁は重要な判断を示しました。それは，扶養手当（家族手当）

は職務内容の違いに左右されない手当であり，家族を養う負担は契約社員も正社員も同じである，という見解です。

また大阪地裁は，住居手当（住宅手当）が地域限定勤務の一般職の正社員にも支給されていることに注目し，契約社員も同じ境遇にあると考えました。そして，契約社員にも住居手当を支給すべきであるとしたのです。

しかし，この事案はこれで終わりませんでした。

日本郵便を含む日本郵政グループは，この判決のあとに，住居手当を地域限定勤務の正社員には支給しないことを決めました。

▶日本郵政グループ，一般職の住居手当廃止を決定
人事トピックスのポイント（2018年4月）

▷人事トピックスの概要
- 日本郵政グループが，一般職正社員の住居手当を，2018年10月に廃止することを決定した。
- 転居をともなう転勤のない一般職約2万人のうち，住居手当を受け取っている約5,000人が対象。
- 住居手当廃止で，一般職正社員1人当たり年間最大32万4,000円の減収になる。
- 廃止後も10年間かけて，10％ずつ減額していくことで労働組合と合意した。

日本郵便は，転居をともなわない正社員（地域限定正社員）の居住手当を不支給にすることで，「非正規社員との同一労働同一賃金」を実現したわけです。

同一労働同一賃金の法律の趣旨は，非正規社員の賃金を引き上げて正

社員との同一賃金を実現することでした。しかし，日本郵便がとった同一賃金化は，正社員の賃金を引き下げることでした。

　それがマスコミに，「正社員の待遇下げによる格差是正」と報道されてしまったのです。

　しかし，住居手当の廃止まで10年の経過措置を設けることや，年始勤務手当を非正規社員に支給することを決めています。したがって，極端に「無謀」なことをしているわけではありません。

　ところが世間は今，働き方改革や同一労働同一賃金に多大な関心を示しています。その状況で日本郵便のような対応をとると，マスコミからこのように批判的に紹介されてしまうのです。

　そしてほぼ同時期に，トヨタ自動車は「よい対応」をみせました。

　期間従業員にも，家族手当を支給する方針を打ち出したのです。

　その後，マスコミは「同一労働同一賃金の実現や定着率向上などにつなげる」という，トヨタ側のコメントを紹介するなど，極めて好意的に扱いました。

　マスコミも，同一労働同一賃金に高い関心を払っています。特に，有名企業の経営者は，メディア対策も視野に入れた対応が求められるでしょう。

　さて，話を日本郵便の訴訟ケースに戻します。

　訴訟は，大阪地裁判決で決着がつかず，大阪高裁に移りました。

　大阪高裁は2019年1月に判決を下し，大阪地裁と同じように一部の手当に違法な格差を認定しました。ただし，その論拠は大阪地裁とは大きく異なります。

　判決内容のポイントをみてみましょう。

▶日本郵便，契約社員への扶養手当不支給は「容認」
大阪高裁2019年1月24日　判決のポイント

▷裁判の概要

　集配・出荷業務などの契約社員が，正社員と同じ仕事内容にもかかわらず，手当など労働条件の格差は違法として訴えた裁判の高裁判決。

▷判決のポイント

- 一審の大阪地裁が違法と判断した扶養手当の格差について，「長期雇用を前提として基本給を補完する生活手当」であり，「契約社員は原則として短期雇用が前提」のため容認する逆転判決を出した。
- また，年末年始勤務手当などについては，契約社員の中でも雇用期間が5年超の者には支給すべき，という対象者基準を新たに示した。

　大阪高裁は，扶養手当（家族手当）を正社員にだけ支給し，契約社員に支給しないことは違法ではないと認定したのです。その根拠は，契約社員は短期雇用が前提だからというものでした。短期雇用者と正社員との間に扶養手当の違いを設けることは不合理ではない，としたのです。

　大阪高裁はさらに，雇用期間が5年超の契約社員には，年末年始勤務手当などを支給すべきであるとしました。新たに「5年ルール」を提示したのです。

　これは，有期労働契約を結んでいる労働者が通算で5年超雇用された場合，労働者の申し込みによって期間の定めがない無期労働契約に転換できる，という労働契約法の規定を根拠にしています。

　無期労働契約に転換した場合，正社員との違いを設ける根拠はなく，契約社員に年末年始勤務手当を支給しないのは不合理だと判断したのです。

　しかし，この点については，大阪高裁が「雇用期間5年以下の契約社員には，年末年始勤務手当不支給でも不合理とはいえないと認定した」と解釈することができます。

　大阪地裁は，扶養手当について，家族を養う負担は契約社員も正社員も同じだから両者に差を設けるのは違法であると判断しているので，大阪地裁と大阪高裁は，180度異なる真逆の判断をしているように映ります。今後予定されている最高裁は，どちらを支持するでしょうか。

　「裁判官の感覚によって判決が変わっているのではないか」という印象すら受けます。

2 「アルバイトにも賞与を支給すべき」と全国初の判断

　次に紹介する判例は，アルバイトにも賞与を支給すべきであると，全国で初めて判断し，注目を集めました。

▶大阪医科薬科大学，アルバイトへの賞与不支給は「違法」
大阪高裁2019年２月15日　判決のポイント

▷裁判の概要

　大阪医科薬科大学（旧大阪医科大学）の秘書業務に従事していたアルバイト職員が，正職員との待遇格差は違法として，不合理な格差是正を訴えた。

▷判決のポイント

- 賞与が，正職員全員に年齢や成績に関係なく一律に支給されていた点を重視し，アルバイト職員に全く支給しないのは，不合理と判断した。
- また賞与水準については，職務と責任の違いや，契約職員に正職員の80％の賞与が支払われていることから，正職員の60％以上を支給すべきと判断した。
- 一方，正職員との基本給格差などについては，一定の相違が生じることは不合理とはいえない，とした。

　アルバイトが，正社員や契約社員に支給されている賞与が，自分たちに支給されないのは「おかしい」と訴えた裁判です。

　大阪高裁が，アルバイトにも賞与を支給すべきであると判断した根拠は次のとおりです。

- 賞与の支給が年齢や成績に連動しておらず，就労したこと自体に対する対価であった
- 訴えを起こしたアルバイトは，フルタイムで働いていた
- フルタイムで就労しているアルバイトに，就労したこと自体に対する対価である賞与を支給しないのは不合理
- 契約職員には，正職員の賞与の約8割の賞与が支給されていた

　さらに大阪高裁は，これだけの条件がそろったときは，フルタイムのアルバイトには，正職員の賞与の6割以上の賞与を支給すべきであると判断しました。

　裁判所が，「6割」という具体的な金額の割合まで示したのです。

　この事案でも，大阪高裁は1審判決の判断を覆しています。1審判決では，正職員とアルバイトに賞与で差をつけることは，正職員の雇用を確保するために合理的であると判断しています。

　従来は，「賞与は正社員のみに支給し，非正規社員は支給されなくても仕方がない」というのが定説でした。

　ところが，今回の大阪高裁の判決が出たことで，賞与も同一労働同一賃金の対象になりうることがわかりました。

　ただ，もし最高裁がこの高裁判決を支持したとしても，それをもってすぐにすべての会社でアルバイトにも賞与を支給しなければならない，ということにはならないでしょう。賞与の支給・不支給の判断の合理性については，会社ごと，事例ごとに個別に判断されるべきだからです。

3 「退職金不支給」でも全国初の判断

　次に紹介する判決でも，重大な判断が示されました。

　退職金を契約社員に支払わなかったケースで，東京高裁が違法である
としました。これも全国初の判断です。

　この判例では，退職金も同一労働同一賃金の対象になりうることが示
された点も重要ですが，企業の経営者や人事担当者は「判決理由」に注
目してください。

　判決理由をよく吟味して，違法にならない人事・賃金制度を構築して
いかなければなりません。

▶メトロコマース，長年勤務の契約社員の退職金不支給は「違法」
東京高裁2019年2月20日　判決のポイント

▷裁判の概要

　東京メトロ子会社であるメトロコマースで，売店勤務の契約社員として
勤務していた4人が，正社員との待遇格差は不当として訴えた。

▷判決のポイント

- 長期間勤務した契約社員に退職金の支給を全く認めないのは不合理とし
て，4人のうち10年程度勤務していた2人に対する退職金の支払いを命
じた。

- 退職金水準については，正社員と同じ基準で算定した額の少なくとも25
％とした。

- また，住宅手当，勤続10年褒賞，早出残業手当の割増率についても，正
社員との格差は不合理と判断した。

- 一方，正社員とは配置転換の有無などの労働条件が異なるとして，基本給や賞与などの格差は容認した。

　地下鉄を運営している東京メトロ（東京地下鉄株式会社）の子会社である株式会社メトロコマースの契約社員と元契約社員が起こした裁判です。同社は地下鉄駅の売店などを運営しています。

　東京高裁は，契約社員のうち2名の勤務期間が「10年前後」と長期に及んでいることに注目しています。さらに，メトロコマースで正社員に支給されている退職金が，長年の勤務に対する功労報償の性格を有することにも言及しています。

　すなわち，東京高裁は，契約社員の勤務期間が「功労報償を受ける長期間勤務に該当するかどうか」を退職金の支給・不支給の判断基準にしたのです。そのうえで，原告4人のうち2人について，「退職金を一切支給されないことは不合理」と判断しました。

　そして，もうひとつの注目点は，退職金の割合です。東京高裁は，契約社員に支払われるべき退職金は，正社員の「少なくとも25％」としました。したがって，この判決は，契約社員に支給すべき退職金は，正社員よりかなり少ない額でよいともいっているわけです。

　さらに，この判決では「住宅手当」「勤続10年褒賞」「早出残業手当の割増率」についても，正社員との格差は違法と判断しています。

　この判決は2019年2月に出ています。この時期に全国初の判断を下したということは，裁判所も同一労働同一賃金を意識しているとみてよいでしょう。

　そして，2019年2月の段階でも，これだけ踏み込んだ判断が下されているということは，今後さらに同一労働同一賃金の導入が進めば，裁判所は企業にとってより一層厳しい判断を下すかもしれないと考えておく

べきです。

　人事担当者は，「退職金くらい，正社員と非正規社員に差があっても仕方がないのではないか」という考えが通用しなくなるかもしれません。

4 「定年後の給与水準引き下げ」に対する判例

　次に紹介する裁判では，正社員のトラック運転手の賃金と，定年後再雇用されたトラック運転手の賃金の格差が争点になりました。トラック運転手の仕事は，定年前も定年後もほとんど同じです。

　したがって，同一労働同一賃金の考え方からすると，定年前後で「賃金格差が生じるのはおかしい」という論理になりそうです。しかし，地裁と最高裁は異なる判断を下しました。

　まずは，東京地裁の判決内容をみてみましょう。

▶長澤運輸，定年再雇用後に同じ業務での賃金格差は「違法」
東京地裁2016年5月13日　判決のポイント

▷裁判の概要
　横浜市の運送会社である長澤運輸で，定年後再雇用された嘱託社員のトラック運転手3人が，正社員との賃金格差の是正を訴えた。

▷判決のポイント
- 「業務内容や職場配置の範囲が同一であるにもかかわらず，賃金額が異なるのは不合理」として，嘱託社員の訴えを認めた。
- ドライバーとしての仕事の内容や責任の程度が変わらない一方，年収が定年前より2～3割下がっていた点を不合理と判断した。

　東京地裁の判断は明確で，定年再雇用者に定年前と同じ仕事をさせているのだから，給与水準を下げるのは不合理だ，としています。

　ポイントは，定年再雇用者の年収が「2～3割下がった」点です。企

業の経営者や人事担当者からすると，正社員と定年再雇用者に２～３割の差をつけることは「当然のこと」と感じるのではないでしょうか。

　ところが東京地裁は，コスト圧縮の手段として，定年再雇用者の年収を２～３割下げることは正当ではないと考えました。

　ただ，東京地裁は，①コスト増大の回避，②定年者の雇用確保，③定年前より賃金を下げる──の３つを企業が行うことは認めています。したがって，「全くの同一労働にもかかわらず，２～３割の下げ」がポイントになってくるわけです。

　さて，この訴訟は最高裁まで進み，最高裁は東京地裁とは異なる判断を下しました。最高裁の判断のため大きく報道されました。

▶長澤運輸，最高裁は定年再雇用後の待遇格差は「不合理でない」
最高裁2018年６月１日　判決のポイント

▷裁判の概要

　横浜市の運送会社である長澤運輸で，定年後再雇用された嘱託社員のトラック運転手３人が，正社員との賃金格差の是正を訴えた裁判の最高裁判決。

▷判決のポイント

- 定年退職後の再雇用などで，待遇に一定の差（年収で定年前の79％程度）が出ること自体は不合理ではないとした。
- 長期雇用前提の正社員と定年再雇用の嘱託社員とでは，会社の賃金体系が異なることを重視。仕事内容が変わらなくても，給与や手当の一部，賞与を支給しないのは不合理ではないと判断した。
- ただし，皆勤者に支払われる「精勤手当」を嘱託社員に支給しないのは不合理で違法とした。

　まず，最高裁は「定年後の再雇用で，正社員との待遇格差が出ることは不合理ではない」という前提を示しています。ただ，最高裁は同時に，待遇格差の問題は「個別に検討」するとしました。

　長澤運輸の事案について最高裁は，定年前後で「仕事の内容は変わらない」としながらも，「給与，手当の一部，賞与」を定年再雇用者に支給しないのは，不合理ではないとしています。

　「2〜3割の年収差」を違法とした東京地裁との違いは鮮明です。

　それでも最高裁は，「精勤手当」を定年再雇用者（嘱託社員）に支給しないのは不合理であるとしました。そして，「時間外手当」の金額についてはさらに審理が必要であるとして，高裁に差し戻しています。

　最高裁判決では，長澤運輸の事案だけでなく，別の物流会社（ハマキョウレックス）の事案についても，同じ日に判示している点に注意してください。

▶ハマキョウレックス，手当格差は「不合理」
最高裁2018年6月1日　判決のポイント

▷**裁判の概要**

　浜松市の物流業大手ハマキョウレックスで，運転手である契約社員が，正社員に支給されている手当の支払いなどを訴えた裁判の最高裁判決。

▷**判決のポイント**

- 各手当の目的に照らし，通勤手当，給食手当，無事故手当，（特殊業務に従事した際の）作業手当についての支払いを命じた大阪高裁判決を支持したうえで，高裁が認めなかった皆勤手当についても支給しないのは不合理だと判断した。

• 一方，住宅手当については，正社員は転居をともなう転勤が予定される
　ため住宅に要する費用が多額となり得るため不合理ではない，とした。

　ハマキョウレックスについては，定年再雇用者ではなく，契約社員の
運転手が起こした裁判です。
　「通勤手当」「給食手当」「無事故手当」「作業手当」「皆勤手当」は，
非正規社員（この事案では契約社員）にも支払うのが妥当であると判示
しています。
　以上のことをまとめると，次のようになります。

┃2018年6月1日最高裁判決（2社）のまとめ┃

長澤運輸（定年再雇用者）のケース

職務の内容	同じ
職務・配置の変更範囲	同じ
その他の事情	定年再雇用は相当

年収水準79％程度	不合理ではない
賞与不支給	
精勤手当不支給	不合理
住宅手当不支給	不合理ではない
家族手当不支給	

ハマキョウレックス（契約社員）のケース

職務の内容	同じ
職務・配置の変更範囲	異なる
その他の事情	—

無事故手当	
作業手当	
皆勤手当	不合理
給食手当	
通勤手当	
住宅手当	不合理ではない

家族手当，賞与支給，定期昇給，退職金支給の有無	不合理ではない（第1審）

　長澤運輸の場合は，正社員と定年再雇用者の間に「職務：同じ」「職
務と配置の変更：同じ」「その他の事情：あり（訴えを起こしたのが定

年再雇用者)」という3つの前提があります。

その他の事情とは，労働契約法20条に出てくる「その他の事情」です。労働契約法20条は，正社員と非正規社員の労働条件の相違は，「労働者の業務の内容及び当該業務に伴う責任の程度，当該職務の内容及び配置の変更の範囲その他の事情を考慮して」，合理性を判断するとしています。

そのうえで，最高裁は，年収水準が79％に落ちることと，賞与不支給，住宅手当不支給，家族手当不支給は不合理ではない，としました。

しかし，精勤手当の不支給は不合理（違法）であるとしました。

一方のハマキョウレックスの事案では，前提は「職務：同じ」「職務と配置の変更：異なる」「その他の事情：なし」となっています。

最高裁は無事故手当，作業手当，解禁手当，給食手当，通勤手当について，正社員と非正規社員（この場合は契約社員）に差を設けるのは不合理であると認定しています。これらの手当の支給原因が，契約社員にも発生しうるからです。

ただ，住宅手当については，契約社員には転勤などがないので，正社員だけに支給することは不合理ではないとしています。

ちなみに，家族手当，賞与，定期昇給，退職金が契約社員に適用されないことについては，第1審で「不合理ではない」という判断が出て，その後も覆っていません。

このように，裁判では，非正規社員の前提条件や賃金項目の内訳が1つひとつ厳格に審査されます。同一労働同一賃金に関する判決は，これからも次々と出てくるので，人事担当者は注視しておく必要があります。

第**4**章

人事担当者に聞いた対応方法
～企業の取り組みアンケート調査結果～

企業の人事担当者に行った「同一労働同一賃金に関する企業の取り組みアンケート調査」の内容をみていきましょう。

1 / 賛成と反対が拮抗

　同一労働同一賃金に関する企業の取り組みアンケート調査は，2017年8〜9月の2ヵ月間に，人事情報サイト「日本の人事部」の利用者を対象に実施し，総務・人事部門を中心に248名から回答が得られました。

　このアンケート結果の詳細は「同一労働同一賃金.com」（以下のURL）に掲載してありますので，参考にしてください。

　https://douitsu-chingin.com/

　人事担当者に，「同一労働同一賃金法」について賛成か反対か聞いたところ，次のような結果が得られました。

▌同一労働同一賃金法案についてあなた自身は賛成ですか？　反対ですか？▌

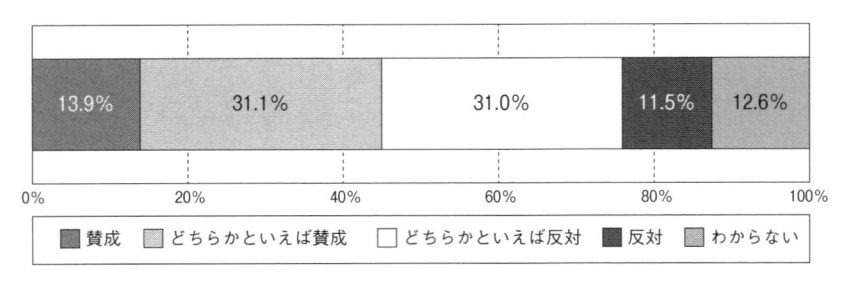

出所：「同一労働同一賃金.com」

　「賛成」と「どちらかといえば賛成」を足した割合は45.0％（＝13.9％＋31.1％）でした。これに対し「反対」と「どちらかといえば反対」を足した割合は42.5％（＝11.5％＋31.0％）でした。賛成派と反対派が拮抗していることがわかります。

　賛成の理由と反対の理由を，それぞれみていきましょう。

◉「賛成」「どちらかといえば賛成」の理由

- 正社員，非正規社員といった雇用形態は能力の差ではない
- 同一業務で雇用形態による賃金格差が大きいとやる気低下につながる
- 賃金は仕事の能力や成果によって決まるべきだ
- 多様な働き方の観点からも，勤務時間の長短ではなく業務能力で決定すべきだ
- 正社員の中でも，同一業務で年功給が強ければ若手の不満が大きくなる
- 定年後に同じ仕事をしているのに賃金が大幅ダウンするのは問題
- 正社員と非正規社員で仕事の責任や転勤の有無が異なる部分の給与差は必要

　これらの賛成理由を要約すると「本来，同一労働同一賃金であるべきだ」となるでしょう。契約社員でも仕事ができる人はいますし，パート社員のほうが，正社員よりしっかりしていることもあります。賛成派の方々は，職場の実態を踏まえて，賃金は雇用形態で決めるのではなく能力や成果で決めるべきだ，といった意見です。
　一方，反対派の意見は次のとおりです。

◉「反対」「どちらかといえば反対」の理由

- 正社員と非正規社員では，能力要件など採用基準が異なる
- 非正規社員が，責任範囲や業務内容に見合った賃金として納得していれば問題ない
- 能力給や職種間異動など，日本の「人」基準の人事慣行を崩すことに疑問

- 法律は最低限のことだけを決め，それ以外は企業の自由意志や労使協議に任せるべき
- そもそも同一労働の考え方があいまいで，現実的な区分が難しい
- すべての業務に線引きすることは難しく，労使間のトラブルを助長しかねない
- 正社員の中でも同一労働同一賃金になっていないため，無理がある
- 非正規社員の人件費が上がることで，結果的に全体の賃金抑制につながりかねない
- 中小企業や収益力の低い会社では，人件費上昇をともなう是正に耐えられない

　反対派の人たちの意見には「実務家」らしい内容が目立ち，「本当に同一労働同一賃金制度が実施されることになると大変だ」という本音が現れています。

　「同一労働という考え方があいまい」「すべての業務に線引きすることは難しい」との指摘もありました。会社が同一労働かどうかを判定しなければならず，これは悩みどころとなるでしょう。

　また，「正社員と非正規社員では採用基準が異なる」という指摘もありました。つまり，正社員たちは厳しい採用基準をクリアして入社した優秀な人材なのだから，非正規社員より賃金が高いのは当然である，という考え方です。

　そして，人件費の上昇を懸念する声も，複数みられました。

2／大手企業の取り組み状況

　次に紹介する同一労働同一賃金に関するアンケート結果は，2019年1月に日本CHO協会が，会員企業に対して行ったものです。115名から回答が得られました。

　同協会の会員企業は，ほとんどが大企業ですので，この結果は「大企業の反応」としてとらえることができます。

Q1｜「同一労働同一賃金」に関する法制化の動きは，御社に影響があるか

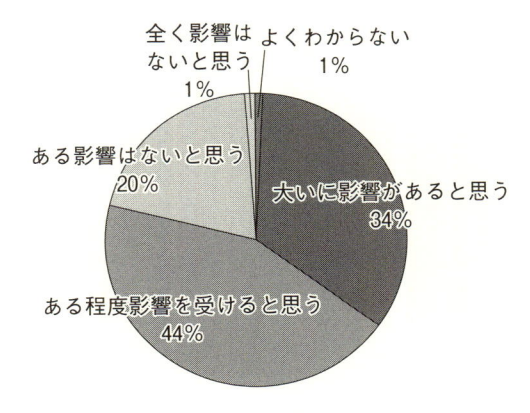

全く影響は　よくわからない
ないと思う　　1%
　1%
ある影響はないと思う
20%
大いに影響があると思う
34%
ある程度影響を受けると思う
44%

出所：2019年1月　日本CHO協会「同一労働同一賃金に関するアンケート」より

　同一労働同一賃金の影響の大きさについてたずねました。

　「大いに影響がある」（34%）と「ある程度影響を受ける」（44%）を合わせると8割近くに達し，ほとんどの大手企業が影響を懸念していることがわかります。

　一方で，「あまり影響はない」が20%と，少なくない数値でした。「全

く影響はない」と考える人も1％ですが存在します。

　次の設問は，同一労働同一賃金導入の準備状況についてたずねたものです。

Q2 「同一労働同一賃金」を踏まえた人事諸制度の見直しについて，議論を始めているか

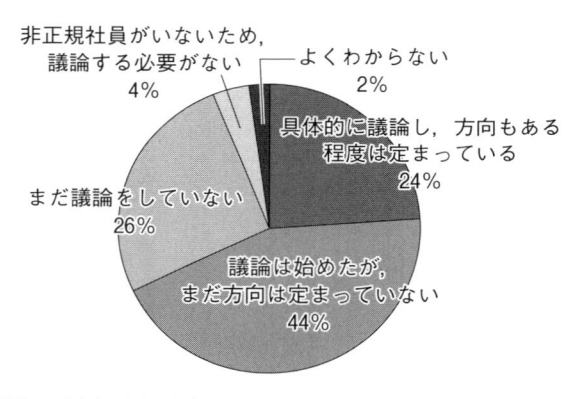

　　注：非正規社員とは「定年再雇用者」を除く
出所：2019年1月　日本CHO協会「同一労働同一賃金に関するアンケート」より

　「議論は始めたが，まだ方向は定まっていない」（44％）と「まだ議論をしていない」（26％）を足すと70％に達します。

　大企業は，2020年4月に同一労働同一賃金を導入しなければならないのですが，2019年1月の段階では，まだ7割の企業が本格的な準備を進められていなかったのです。

　続いて，すでに同一労働同一賃金を導入している企業や方向性が定まっている企業に，具体的にどのような施策を実行しているのか，または実行する考えなのかたずねました。

Ｑ３　「同一労働同一賃金」について，どのような基本方向を考えているか（もしくは実施したか）

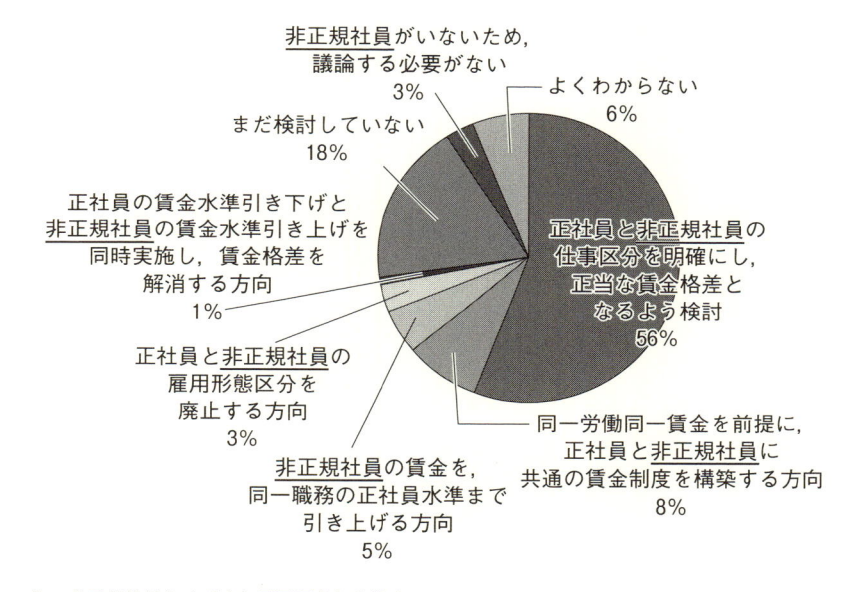

注：非正規社員とは「定年再雇用者」を除く
出所：2019年１月　日本CHO協会「同一労働同一賃金に関するアンケート」より

　最も多かったのは，「正社員と非正規社員の仕事区分を明確にし，正当な賃金格差となるようにする」（56％）でした。

　つまり，正社員の業務内容と非正規社員の業務内容を文書などに明記して，仕事の内容を明確に区別するということです。このようにすれば，正社員の労働と非正規社員の労働は同一にならないケースが多く，一定の賃金格差が正当化されることになります。

　今後しばらくは，この方法が主流になると思われます。

　ただ，今回の改正の主旨に沿った内容で，賃金制度を見直す大企業も少なくありません。

　正社員と非正規社員の賃金制度を共通化したり（８％），非正規社員

の賃金を正社員の水準に引き上げたり（5％），正社員と非正規社員の雇用形態区分を廃止したりする（3％）方法は，まさに政府が促進している同一労働同一賃金といえるでしょう。

これらを合わせると，16％になります。

その他，正社員の賃金水準の引き下げと非正規社員の賃金引き上げを同時に実施する企業も1％ありました。この方法については，厚生労働省が，正社員の賃金水準を引き下げることは「望ましくない」としているので注意が必要です。

そして，大手企業でも，2019年1月の段階で「まだ検討していない」会社が18％もありました。

企業の経営者や人事担当者は，同一労働同一賃金を導入することで，人件費が上がることを懸念していることでしょう。

その点，大手企業はどのように考えているのでしょうか。総額人件費についてたずねました。

Q4 「同一労働同一賃金」が法制化された場合，総額人件費にはどのような影響が予測されるか

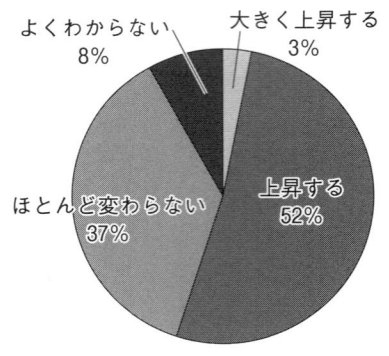

注：減少する0％，大きく減少する0％
出所：2019年1月　日本CHO協会「同一労働同一賃金に関するアンケート」より

　やはり半数以上の大企業が，総額人件費が「大きく上昇する」または「上昇する」とみています。ここで注意したいのは，「Q3．『同一労働同一賃金』について，どのような基本方向を考えているか（もしくは実施したか）」の設問で，「正社員と非正規社員の仕事区分を明確にし，正当な賃金格差となるよう検討する」が56％の高率だったことです。正社員と非正規社員の仕事区分を明確にしたとしても，一定の人件費上昇は避けられないと考える人事担当者が少なくないということです。

　今回の同一労働同一賃金対応は賃金上昇圧力になりそうだ，と考えている企業が多いことがわかりました。

第5章

先進企業の事例紹介と
ポイントの解説

すでに，積極的に同一労働同一賃金の仕組みを採り
入れている企業の事例を紹介します。

1 エフコープ生活協同組合

　エフコープ生活協同組合は，福岡県糟屋郡篠栗町に本部を置き，北九州市や福岡市などに店舗を展開する生協です。正社員と非正規社員の雇用区分を統合し，全従業員を無期契約に移行し，同一労働同一賃金を導入したことで全国的に注目されました。

　厚生労働省の「多様な人材活用で輝く企業応援サイト」の事例紹介で，先進事例として紹介されています。

　同社は，同一労働同一賃金導入の成功例と考えられますので，詳しく紹介します。

　エフコープ生活協同組合の概要は，以下のとおりです。

業種	卸売業，小売業
本社所在地	福岡県
正社員数	フルタイムスタッフ^{（※1）}：1,164名（男性978名，女性186名） 福祉事業専門スタッフ：70名（男性15名，女性55名）
非正規雇用労働者数	定時スタッフ^{（※2）}：915名（男性48名，女性867名） アルバイター^{（※3）}：593名（男性254名，女性339名） 登録型スタッフ：119名（男性0名，女性119名）
非正規雇用労働者の主な仕事内容	店舗事業のレジ・品出し，宅配事業の商品の積み込み等 介護サービス事業におけるホームヘルパー
取組のポイント	・70歳まで働き続けられ，雇い続けられる制度 ・同一労働同一賃金 ・時間外労働の削減・年次有給休暇の取得率向上 ・働き方の柔軟性の拡充 ・実力主義での公平な運用 ・生産性の向上

※1　半数は配達業務を担当。フルタイム勤務（年間所定労働時間：7時間45分×254日）。無期契約，月給制。賞与・退職金あり。

※2　レジや品出し，事務作業等に職務を限定して担当。パートタイム勤務（週15時間以上35時間未満）。原則として転勤を伴う異動はない。無期契約，時給制。年度末賞与あり。退職金なし（退職慰労金制度あり）。

※3　学生，3ヵ月以内，週15時間未満の契約勤務。

注：2018年4月1日現在

出所：厚生労働省「多様な人材活用で輝く企業応援サイト」

①「日本の雇用モデル」を独自に制定し，同一労働同一賃金の実施を宣言

　同社は，以下の10項目を「日本の雇用モデル」として定め，同一労働同一賃金を実践していくことを「宣言」しています。

1．70歳まで働き続けられ，雇い続けられる雇用システム

　高年齢者の心身の健康状況，労働不足の状況，年金財政の状況等を踏まえ，希望する者が70歳くらいまでは，働き続けられ，かつ，雇い続けられる雇用システムを整えていく。

2．雇用形態に関わらず，同一の評価基準

　同一労働同一賃金の実現は，同一労働であるか否かを測るところから始まる。したがって，「労働」を評価する基準については，雇用形態の違いに関わらず，統一しておく必要がある。

3．59歳までの賃金は，職務給と職能給で構成

　同一労働同一賃金は，一般的には職務給で実現するものだが，日本では，欧米諸国のような生涯複数転職がまだ主流にはなっておらず，労働組合も産業別に組織されていないため，59歳までは職能給との組み合わせが望ましいと考える。

4．60歳以降の賃金は，職務給のみで構成

　60歳以降は，労働者にとっては，短時間勤務など柔軟な働き方の必要性が増すが，使用者にとっては，コストとのバランスが重要性を増す。この両者を実現するためにも，職務給のみで構成することが望ましいと考える。

5．時間外労働を削減し，年次有給休暇の取得率を向上

　いのちや健康を守り，健全な成長を保障するためにも，国内の産業を健全に発展させるためにも，日本における長時間労働の実態の是正は，急務であり，年次有給休暇の取得率の改善とあわせて，取り組みを進めていく必要がある。

6．働き方の柔軟性を拡充

　育児や介護をしながらでも働き続けられる環境整備は，少子・高齢社会の進行を考えると，急務の課題である。長時間労働の是正と合わせ，フレックスタイム制や短時間勤務制度など，事業にあった内容で，環境を整えていく必要がある。

7．昇進・昇格・昇給については，制度，運用ともに，実力主義で公平

　昇進・昇格・昇給については，他社からの転職者が不利にならない，実力主義による公平な制度・運用を行うことが重要。日本における「労働者の自由度」や「雇用の流動性」を高めていくうえで，今後はさらに重要性が増すと考える。

8．能力開発・スキルアップを支援

　日本では，正社員の非正規化が進んでいく過程において，非正社員の人材育成が遅れ，本人にとっても社会全体にとっても大きな損失となっている。格差の拡大，低所得者の拡大・継承を断ち切るための，大局的な視点での支援が必要である。

9．福利厚生を含め，同一処遇とし，違いを設ける場合は，その理由の明確化

　福利厚生制度についても，雇用形態の違いで，処遇に差を設けることは適切ではない。差を設ける場合は，少なくともその理由を明確にしておくことが必要である。

10．同一労働同一賃金の実施と合わせ，生産性を上げ，処遇の向上を追求

　同一労働同一賃金は，公平性を担保するにすぎないため，その実現に向

けては，生産性を上げ，処遇の向上を追求することを労使共通の目標として，取り組む必要がある。

出所：厚生労働省「多様な人材活用で輝く企業応援サイト」

同社は，かなり先進的な取り組みをしています。

企業は現在，高年齢者雇用安定法によって従業員を65歳まで雇用しなければなりません（経過措置あり）が，同社では，さらに5歳上乗せして70歳まで働ける環境づくりを考えています（1）。

さらに，明確に同一労働同一賃金の方針を打ち出し，雇用形態の違いにかかわらず労働を評価する基準を統一する，としています（2）。そして，いのち，健康，育児，介護などに配慮していく方針は「生協らしい」取り組みといえます（5，6）。

同一労働同一賃金を実現させるには，職場の生産性を上げる必要がある，とも訴えています（10）。同一労働同一賃金実現にともなう人件費コストをまかなうには，それに見合った収益力の向上が不可欠です。

②職員に安心感を持たせる70歳までの定年延長

エフコープ生活協同組合は2017年4月に，フルタイムスタッフ，福祉事業専門スタッフ，定時スタッフの約2,000人の職員を対象に，定年を65歳から70歳まで引き上げました。

フルタイムスタッフとは正社員です。福祉事業専門スタッフは，職務限定社員で，定時スタッフはパート社員のことです。

同社では，パート社員も無期雇用で，なおかつ70歳定年です。職員に安心して働いてもらおうという意志が感じられます。

70歳定年制の導入と同時に，選択定年制も導入しました。これは50歳以降70歳までの期間において，年間で指定する日をもって退職する場合

は，定年退職として取り扱うというルールです。

　さらに，人件費の高騰についても考慮しています。60歳以降の賃金を職務給のみとすることで，仕事と人件費コストの均衡を保てるようにしています。

③大半の職員に同一賃金を実施

　続いて，同社の同一労働同一賃金のルールをみていきます。

　フルタイムスタッフ（正社員），福祉事業専門スタッフ（職務限定社員），定時スタッフ（パート社員）の評価や賃金では，同一評価制度と同一賃金制度を実施しています。

　パート社員は時給なので，時給換算にしてほぼ同水準にしているという意味になります。

　ただ，アルバイター（短期アルバイト）と登録型スタッフは，同一賃金制度の対象外としています。

　エフコープ生活協同組合の雇用形態と同一賃金制度の適用範囲は，以下のとおりです。

▌同一賃金の考え方▐

	雇用形態	人数	対象者
同一賃金制度	フルタイムスタッフ	1,164人	7時間45分×254日勤務（年間）
	福祉事業専門スタッフ	70人	福祉事業に限定した雇用形態
	定時スタッフ	915人	週15時間以上35時間未満の契約
	アルバイター	593人	学生，3ヵ月以内，週15時間未満の契約
	登録型スタッフ	119人	
	合計	2,869人	

出所：厚生労働省「多様な人材活用で輝く企業応援サイト」

④　職務給と職能給

同社の59歳までの職員の賃金は，職務給と職能給で構成されます。職務給の額は，担当する職務の大きさに応じて職務評価を行い決定しています。職能給の額は，スタッフの能力の高さに応じた人事評価により決定します。

60歳以上は先ほど紹介したとおり，職務給のみとなっています。

‖給与の考え方‖

59歳まで	60〜70歳
職能給	職務給
職務給	

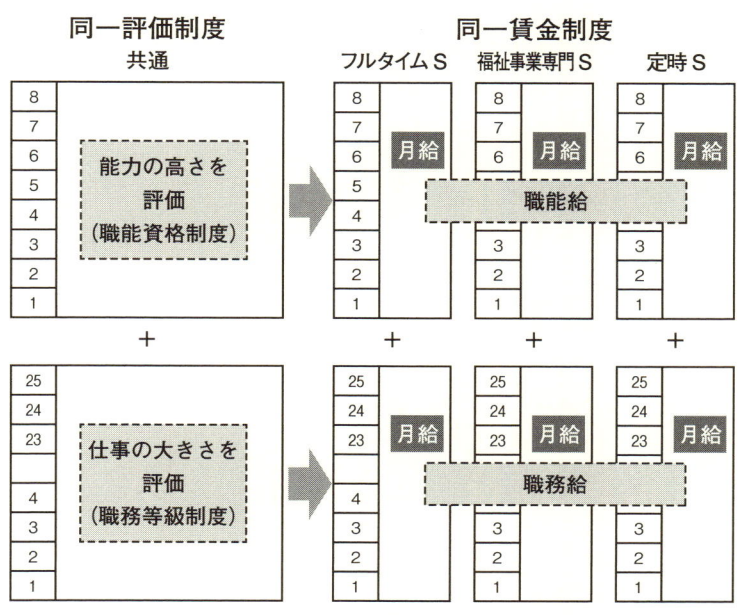

出所：厚生労働省「多様な人材活用で輝く企業応援サイト」

⑤同一福利厚生制度の導入

　エフコープ生活協同組合では，フルタイムスタッフ，福祉事業専門スタッフ，定時スタッフの福利厚生諸制度を統合しています。

　配偶者出産休暇や子育て支援手当についても，雇用形態で差をつけることなく，１子につき5,000円を支給しています。ただ，日生協健康保険組合に加入するスタッフ，という条件はあります。

⑥納得性があれば「差」を設ける

　エフコープ生活協同組合は，「差を設けることに納得性がある場合は，処遇に差を設ける」としています。たとえば，永年勤続表彰制度では，勤続年数に応じて連続休暇と表彰金を付与しています。

　休暇の付与日数は，雇用形態にかかわらず同じですが，表彰金の額については永年勤続表彰の趣旨を踏まえて，フルタイム勤務と定時勤務で２：１の差を設けています。ただ，定時スタッフ（パート社員）でも，永年勤続表彰の対象になります。

　「差をつけるところはつける」というメリハリは，その他の企業の参考になるでしょう。

　その他の福利厚生については次の表のように取り決めています。

┃福利厚生一覧┃

制度	フルタイムスタッフ・福祉事業専門スタッフ・定時スタッフ
労働契約	無期雇用・70歳定年
産前産後休暇	同一制度
配偶者出産休暇	同一制度
育児・介護休職	同一制度
子育て支援手当	同一制度
年次有給休暇	同一制度
自己啓発援助	同一制度
永年勤続表彰	同一制度（一部２：１）
表彰	同一制度（一部２：１）
慶弔対応	同一制度（一部２：１）
（互助会）	全スタッフ同条件で加入の単一互助会
（労働組合）	単一組合　労使でユニオンショップ協定を締結

出所：厚生労働省「多様な人材活用で輝く企業応援サイト」

⑦効果は，定着率，顧客満足度，業績にも波及

　エフコープ生活協同組合の同一労働同一賃金制度は，人材の定着率向上と職場の安定的な運営という，２つの大きな効果を生みました。

　同一労働同一賃金を軸とする大胆な制度改革を断行した結果，それまで15％ほどだった退職率が４％にまで低下しました。

　厚生労働省の2017年雇用動向調査によると，卸売・小売業の離職率は14.5％となっています。エフコープ生活協同組合の離職率４％が，どれほど「すごい」数字であるかわかると思います。

　また，人材が定着したことで，職員教育の機運も高まりました。６ヵ月目研修や１年目研修などのフォローアップ研修やOJTを計画的に行うことができ，職員個々のスキルアップが確実に進んでいます。労働災害や配達中の事故や違反の件数が減少しました。

　同一労働同一賃金が，職員全体のモチベーション向上につながったことが，このような好循環を生んだと考えられます。

　職員の満足度が向上したことで，顧客満足度も向上しました。

　顧客に宅配スタッフの「商品の取り扱い」「言葉遣い」「身だしなみ」「親しみ」「運転マナー」「積極性」をたずねたところ，すべての項目で上昇基調がみられました。

　職員定着率も顧客満足度も高まっています。そうなると気になるのは経営状況ですが，どのようになったのでしょうか。

　同一労働同一賃金を軸とする人事制度改革を行ったことで，当初人件費は大体年3億円ほど上がったということです。パート社員が約1,000人ですので，単純計算でパート社員1人の年収が，30万円ほど上がった計算です。

　ただ，そのコスト増は，収益の改善で吸収できているようです。

　エフコープ生活協同組合の経常剰余金は，2009年の2.7億円から2017年7.6億円へと大幅に改善しました。経常剰余金とは，一般企業の経常利益に当たります。

　さらに，フルタイムスタッフ（正社員）の平均年収は，この間に12%上がりました。

　従業員の働くモチベーションが上がり，顧客も満足し，業績も上向いたことで，エフコープ生活協同組合は，同一労働同一賃金の成功事例といえるでしょう。

2 / 株式会社りそな銀行

　りそな銀行の取り組みも，厚生労働省の「多様な人材活用で輝く企業応援サイト」が，同一労働同一賃金の優良事例として紹介しています。

　概要は以下のとおりです。

▌りそな銀行の概要▐

業種	金融業・保険業
本社所在地	大阪市中央区
正社員数	社員[※1]：9,515名（男性5,609名，女性3,906名）
非正規雇用労働者数	パートナー社員[※2]：約5,900名 派遣社員：約150名
非正規雇用労働者の主な仕事内容	営業店事務・案内業務，顧客に向けた営業・販売等
同一労働同一賃金関連の主な取り組み	・社員・パートナー社員にかかわらず共通の職務等級制度を適用し，「同一労働・同一賃金」を実現 　⇒パートナー社員も社員と同様に評価され，それが処遇に反映されるため，やる気のある優秀な従業員の確保が可能に ・2015年10月から，勤務時間若しくは業務範囲を限定できる正社員の職種として「スマート社員」を導入し，働き方の選択肢を増やす 　⇒現在の「社員」と「パートナー社員」の中間的な位置づけで，新たな形でのキャリアアップが可能に

※1　無期雇用のいわゆる「正社員」，変形労働時間制を導入。
※2　原則１年更新の有期雇用の従業員，勤務形態は個別契約による。
注：2015年３月31日現在
出所：厚生労働省「多様な人材活用で輝く企業応援サイト」

①正社員と非正規社員に同じ職務等級制度を適用

　りそな銀行は2008年に人事制度改定を行い，正社員とパートナー社員（１年更新の有期雇用の非正規社員）に，同じ職務等級制度を適用する

ことにしました。これにより，正社員とフルタイムのパートナー社員は，役割等級と職務グレードが同じであれば，職務給の時給換算賃金が同じになりました。

　さらに，パートナー社員は，筆記試験と面接をパスすれば正社員になることができ，毎年40～50名ほどが応募し，10数名が正社員になっています。パートナー社員が，管理職になることも可能です。

　その他，研修や社内ビジネススクールへの参加や資格取得支援も，正社員とパートナー社員の間に区別はありません。

　ただ，業務内容に差があれば賃金差は生じます。

②「残業なし」か「窓口業務のみ」のスマート社員制度

　りそな銀行はさらに，2016年からスマート社員制度を設けました。スマート社員は正社員でありながら，勤務時間限定か業務内容限定を選択できます。つまり，「残業をしない正社員」や「窓口業務しかしない正社員」「事務しかしない正社員」を誕生させたのです。育児退職や介護退職を減らすため，働き方を多様化して，柔軟に働けるようにしました。

　正社員とスマート社員は，基本給（職務給）も昇格・昇給条件も同じです。ただ，スマート社員の賞与は正社員の7割ほどになり，福利厚生面でも正社員とは異なります。

3 コストコホールセールジャパン株式会社

　同一労働同一賃金の見本のような賃金制度を導入しているのが，コストコホールセールジャパン株式会社です。

　同社は倉庫風な大型店舗で大量販売を行う，会員制スーパーマーケット「コストコ」を運営しています。

①正社員も時給制で，パート・アルバイトと同額

　コストコの人材募集サイトによると，管理職以外の正社員は時給制で，しかもその金額はアルバイトとパートと同額の1,250円または1,300円です（2019年5月現在）。1,250円と1,300円の差は職務の差であり，正社員でも1,250円の人がいますし，パート・アルバイトでも1,300円の人がいます。

　ただし，正社員はフルタイム勤務ですので，月額では21万～22万円ほどにはなります。

　そして，昇給は1,000時間ごとに時間当たり14～82円の幅で上がっていきます。最高額は1,650円または1,800円です。したがって，長時間勤務している正社員のほうが時給を上げやすい，という特徴はあります。

　同社には薬剤部門もあるのですが，薬剤師の賃金も時給制で，正社員もパート・アルバイトも一律2,900円です。

▌コストコ採用時の募集賃金▌

1．**新卒採用の給与**

- 正社員も時給制　時給1,250円もしくは1,300円スタート
- 月収約21万円～22万円

2．**長期アルバイト（学生）の給与**

- アシスタント：時給1,250円，クラーク（会員入会手続きなどの業務）：
  時給1,300円

3．**パートタイム**

- アシスタント：時給1,250円，クラーク：時給1,300円

　　入社後の給与制度についても，最初の90日間は試用期間時給を適用，
1,000時間ごとに14～82円の幅で昇給し，最高1,650円もしくは1,800円
まで昇給。

　　一方，薬剤師の募集時給については，正社員2,900円，アルバイト
2,900円，パートタイム2,900円。

出所：コストコWEBサイトの採用ページ（2019年6月時点）より

②賞与に差があるから，同一賃金ではない？

　コストコの賃金制度は，同一労働同一賃金の見本のような印象を持ちます。しかし，今回の法改正後は，「同一労働同一賃金ではない」という判断がなされるかもしれません。

　それは，正社員と非正規社員では，賞与や福利厚生面に差があるからです。先述したとおり，今回の法律で想定している同一労働同一賃金制度は，時給や時給換算賃金だけでなく，賞与や福利厚生でも「同一」であることを求めています。

　したがって，賞与や福利厚生の差が，問題視されるかもしれないのです。

　同社ほど同一労働同一賃金を徹底しているところは珍しいのに，この件で訴えられれば負けるかもしれません。これには法律の矛盾を感じます。

③パート・アルバイトの人材募集に効果

　コストコなら，たとえば大学生が1年生からアルバイトで働いていれば，4年生になるころには，時給ベースでは正社員の初任給より大幅に高くなるでしょう。

　スーパーマーケットをはじめとする小売業では人手不足が深刻化していますが，同社では，販売業務のパート・アルバイトにも時給1,250円も出しているので，多数の応募者が集まるのではないでしょうか。

④管理職以上の賃金体系は別枠

　ちなみに，コストコでも，管理職の賃金体系は，時給制ではなく年俸制です。したがって，マネージャークラスに昇格する人や中途採用される人には，その分，高い給与水準が支給されます。

4 アウトソーシングＡ社のコールセンター部門

　アウトソーシングのＡ社のコールセンター部門で，契約社員に対して同一労働同一賃金を導入した事例ですが，少しユニークな内容なので紹介します。

　同一労働同一賃金の導入では，「攻めの人事制度改定」と「守りの人事制度改定」の２つの道があります。前者は，この機会に大胆に改革し全従業員のモチベーションを高めて，業績向上を狙う方法です。後者は，人事制度の改定内容を極力抑え，法律をクリアすることを目指す方法です。

　Ａ社は，どちらかというと「守りの人事制度改定」を選びました。それは，この会社では従前から，優秀な人材を確保するため，契約社員に高水準の賃金を支給していたからです。

　Ａ社では，契約社員に賞与を月例給与に含めるかたちで支給していました。正社員には賞与を支払っているので，このままでは「同一賃金ではない」ことになってしまいます。

　そこで，次のように賃金制度を改めたのです。

▌A社の契約社員の賃金制度改定▐

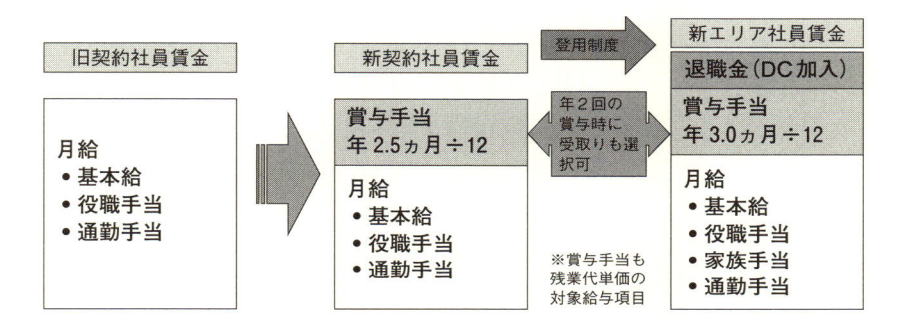

　旧制度の契約社員の給与は，「基本給＋役職手当＋通勤手当」で構成されていました。それを新制度では，総支給額を変えずに「基本給＋役職手当＋通勤手当＋賞与手当」にしたのです。総支給額を変えていないので，人件費は増加していません。つまり，もともと賞与分込みだった基本給を，新基本給と賞与手当に分離したのです。

　契約社員には，賞与手当を月額で受け取ることも，賞与時に受け取ることも選択できるようにしました。

　この会社では，さらにエリア正社員という職種も新設しました。こちらは，退職金と家族手当が新たに加わります。優秀な人材を確保するために，このような登用の仕組みを設けたわけです。

　同一労働同一賃金の「守り」の手法は，派遣会社でも出始めています。たとえば，これまで派遣社員に通勤手当込みの時給を支払っていたものを，新たに通勤手当を支給する代わりに時給を引き下げる，といった方法です。この場合でも，それまでの支給方法と新制度を，派遣社員が選択できるようです。

　このような方法を採る際には，対象者には事前に十分説明して，合意を得る必要があるでしょう。

第 **6** 章
賃金制度見直しの方向性

同一労働同一賃金の仕組みは，企業の実情に合わせて個別に制度設計していかなければならず，人事担当者としては手探り状態が続くでしょう。
そこで本章では，自分の会社の賃金制度をどのように変えていくべきなのか，その方向性について紹介します。

1 同一労働同一賃金に対応した 人事と賃金の考え方

　ヨーロッパは同一労働同一賃金を導入しやすい労働環境にあり，日本は導入しにくい労働環境にある，とよくいわれます。

　それは，ヨーロッパは職務給という賃金体系が一般的だからです。職務給とは仕事によって賃金が決まる仕組みです。また，国にもよりますが，職種別の賃金水準がおおむね定められており，A社の製造担当者とB社の製造担当者がいて，両者のスキルと実績が同じであれば，大体同じ賃金をもらいます。

　日本では，会社ごとに賃金水準が決まります。同じようなスキル，同じような実績であっても，C社の製造担当者の賃金と，D社の製造担当者の賃金は，各社の給与水準によって異なります。C社の製造担当者の賃金は，C社の賃金制度の中で決まるからです。

　さらに，日本の会社では，同じ年に同じ学歴の人が入社すれば，通常同じ初任給が支給されます。営業部に配属される人も，経理部に配属される人も，開発部に配属される人もほぼ同額の初任給をもらうのは，日本ならではの賃金制度なのです。

　つまり，「同じ仕事をしているのなら，どの会社にいても同じ賃金水準をもらえるはずだ」という考えは，これまでの日本の企業文化の中にはありませんでした。そこに同一労働同一賃金を導入しようというのですから，人事担当者が，ハードルが高いと感じるのは当然です。

　日本企業における，同一労働同一賃金のハードルには次のようなものがあります。

▌同一労働同一賃金で考えるべき格差▐

①正社員と非正規社員の間の差	今回の「同一労働同一賃金」推進の主目的となる。非正規社員の割合が急増したことで賃金格差が社会問題になった。非正規社員がいないと立ち行かない企業も多い
②中高年社員と若年社員の間の差	すでに年功賃金カーブは薄れつつあるが，より縮小する傾向にある
③家族持ちと独身者の間の差	配偶者控除見直しや非婚率の増加などにより，見直し機運が高まる
④定年前社員と定年再雇用者の間の差	今回の「同一労働同一賃金」推進の主目的となる。同一業務での賃金ダウンは違法との判決も出ている。シニア活用という課題もある
⑤全国社員と勤務地限定社員の間の差	政府は推進しているが，どの程度の賃金差が許容されるかはまだ不透明
⑥出向者とプロパー社員の間の差	これまで問題になることは少なかったが，今後は新たな火種になる可能性がある

　この6つのハードルのうち，今回の改正の主目的になっているのは「①正社員と非正規社員」と「④定年前社員と定年再雇用者」です。

　企業の経営者と人事担当者は，まずはこの2つのハードルをクリアできる賃金制度の構築を目指しましょう。

　①と④こそが，今回法改正される同一労働同一賃金の対象なので，後段で詳しく解説してきます。

　企業は①と④に取り組んだうえで，残りの②③⑤⑥の対策も検討していってください。

　「②中高年社員と若手社員」の賃金差を是正するには，中高年社員の賃金カーブを引き下げる圧力が強まると推定されます。

　そして，「③家族持ちと独身者の賃金差」では，家族手当などがターゲットになります。家族手当はもともと，男性社員を主要対象に考えられた手当でした。その後，女性社員の支給対象者も増加することになり，

そして今，「非正規社員に支給しない合理的な理由はあるのか」という
議論が湧いてきたのです。

　非婚率が高まり，家族手当をもらえない社員も増えてきます。そうな
ると社内で「なぜ家族が多い人だけ賃金が多くなるのか（特別な手当が
支給されるのか）」という不協和音が高まるかもしれません。

　「④全国社員と勤務地限定社員」はどうでしょう。改正法の中でも，
「職務内容と配置の変更範囲」は同一労働かどうかを判断する基準とな
っています。しかし，たとえば勤務地限定社員の賃金を４割下げていい
のかという話になると，「４割も下げる合理的な理由はない」という意
見が出てくるでしょう。現在では，勤務地限定社員の賃金は全国社員の
10〜15％減といった辺りが一般的です。法律はともかく，社内的にこれ
を超える減額が許容されるかどうかは微妙な情勢です。

　「⑥出向者とプロパー社員の待遇差」の解消は，いずれ問題になると
思われますが，企業の人事担当者はしばらく「様子見」でよいでしょう。

　人事担当者は，①④→②③⑤→⑥の順で対策を検討してください。

　次に，従業員の年代別の課題をみていきましょう。

　次のグラフは，厚生労働省が作成した雇用形態別の労働者の賃金カー
ブです。

┃労働者の賃金カーブ（雇用形態別・時給ベース）（平成29年平均）┃

- 一般労働者（正社員・正職員）の平均賃金は1,937円，一般労働者（正社員・正職員以外）の平均賃金は1,293円となっている。
- 短時間労働者（正社員・正職員）の平均賃金は1,432円，短時間労働者（正社員・正職員以外）の平均賃金は1,081円となっている。

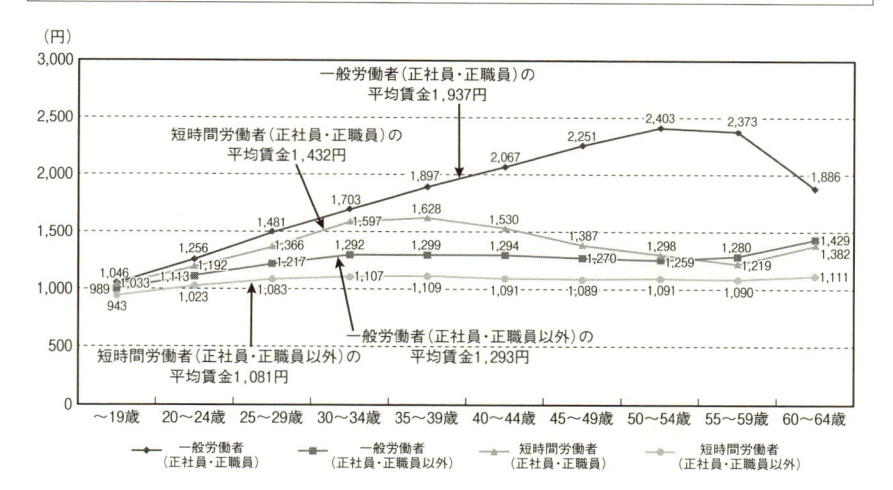

（資料出所）　厚生労働省「賃金構造基本統計調査」（平成29年）雇用形態別表：第1表
　（注）　1）賃金は，平成29年6月分の所定内給与額。
　　　　2）一般労働者の平均賃金は，所定内給与額を所定内実労働時間数で除した値。
　　　　3）一般労働者：常用労働者のうち，「短時間労働者」以外の者。
　　　　4）短時間労働者：同一事業所の一般の労働者より1日の所定労働時間が短い又は1日の所定労働時間が同じでも1週の所定労働日数が少ない労働者。
　　　　5）正社員・正職員：事業所で正社員・正職員とする者。
　　　　6）正社員・正職員以外：事業所で正社員・正職員以外の者。
出所：厚生労働省Webサイト

　20代前半（24歳）までは，正社員・正職員（正社員）も正社員・正職員以外（非正規社員）もほとんど賃金差はありません。したがって，企業がこの年代の賃金格差を是正しても，人件費はそれほど増えません。

　しかし，30代後半から正社員と非正規社員の賃金差が広がります。30代後半以降の従業員の賃金格差を是正しようとすると，企業の持ち出しが多くなり，経営を圧迫しかねません。

　そこで企業は，次節で述べる選択肢のうち，どれを採択すべきか考え
ていかなければなりません。

2 企業がとるべき選択肢

　同一労働同一賃金の実施を迫られた企業には，次の4つの選択肢があります。

---

①非正規社員の賃金を同一職務の正社員の水準まで引き上げる

【ポイント】人件費上昇余力のある会社や，非正規社員の人数が少ない場合には可能

②正社員と非正規社員の仕事区分を明確にし，現状の賃金格差を正当化する

【ポイント】採用する企業が最も多い。

　　　　　　「同一労働には同一賃金を支払いなさい」という考え方なので，同一労働ではないことを証明できれば，同一賃金にする必要はない。ただし，一部の手当や福利厚生については，不支給は許されない可能性が高い。

③正社員の賃金水準を引き下げる

【ポイント】正社員と非正規社員の給与水準を同じにしなければならないなら，その中間に両者を近づける，という選択。ただし，正社員のモチベーションダウンや法的リスクをともなう。

④同一賃金を前提に，正社員・非正規社員も合わせた賃金制度の見直しを実施する

【ポイント】著者が企業におすすめしたい方法。

　　　　　　非正規社員の賃金だけでなく，正社員の年功序列型賃金制度や諸手当も見直す。

---

　①は，厚生労働省などが想定する同一労働同一賃金を実施する方法で，非正規社員の賃金水準を正社員の水準まで引き上げます。シンプルな方

法ですが，人件費の上昇は避けられないので，利益が多い会社や非正規社員が少ない会社でなければ採用は難しいでしょう。

多くの企業は②を採用するのではないでしょうか。正社員と非正規社員の仕事内容を明確に分け，「同一労働ではないので，現行の賃金差は正当である」と主張する方法です。

ただ，②を採用しても，特定の手当や福利厚生に関する格差は説明できず，改定の必要性が生じることになります。

③は，正社員の賃金水準を下げて同一賃金を実現するやり方です。しかし，いきなり正社員の月給を下げることはできないので，まずは賞与などから減らしていくことになるでしょう。その場合，正社員のモチベーションが落ちる心配があります。

また，賃金の不利益変更という問題が発生し，法的リスクをともないます。

おすすめしたいのが④です。

同一労働同一賃金の導入を賃金改革の好機ととらえ，非正規社員の賃金を見直すと同時に，正社員の賃金制度も見直すのです。年功序列型賃金や生活関連手当（家族手当，住宅手当など）などについても，メスを入れるのです。

ただ，社内の抵抗なども考えられるので，時間をかけて理解を求めながら進めていく必要があります。

第 7 章

自社の基本給・賞与・手当などの改定方針を考える

それでは，自社の基本給や賞与，手当などの改定方針を考えていきましょう。

　厚生労働省が2018年12月28日，「短時間・有期雇用労働者及び派遣労働者に対する不合理な待遇の禁止等に関する指針（同一労働同一賃金ガイドライン）」を発表しました。

　これは，2016年12月に発表された「同一労働同一賃金ガイドライン案」を修正・加筆したもので，正式なガイドラインという位置づけになっています。

　そこで，人事担当者はこのガイドラインをもとに，自社の賃金ルールを改定していくことになります。

　ガイドラインの「基本的な考え方」には，次のように書かれています。

　この指針は，通常の労働者と短時間・有期雇用労働者及び派遣労働者との間に待遇の相違が存在する場合に，いかなる待遇の相違が不合理と認められるものであり，いかなる待遇の相違が不合理と認められるものでないのか等の**原則となる考え方及び具体例**を示したものである。

　事業主が，第3から第5（第3：短時間・有期雇用労働者，第4：派遣労働者，第5：協定対象派遣労働者）までに記載された原則となる考え方等に反した場合，当該待遇の相違が**不合理と認められる等の可能性がある。**

　なお，**この指針に原則となる考え方が示されていない退職手当，住宅手当，家族手当等の待遇**や，具体例に該当しない場合についても，**不合理と認められる待遇の相違の解消等が求められる。**このため，各事業主において，労使により，個別具体の事情に応じて待遇の体系について議論していくことが望まれる。

　（太字は筆者，以下同じ）

出所：「同一労働同一賃金ガイドライン」より

　このガイドラインは確定版なのですが，気になる点がいくつかあります。

　2016年12月のガイドライン案の段階では，「いかなる待遇差が不合理

なものであり，いかなる待遇差は不合理なものでないのかを示したものである」と強い表現を使っていましたが，こちらの確定版ガイドラインでは，「原則となる考え方及び具体例」を示したとしながらも，「不合理と認められる等の可能性がある」となっています。

　「等」や「可能性」というあいまいな表現は，企業の人事担当者を迷わせます。

　また，わざわざ「退職手当，住宅手当，家族手当」について，「原則となる考え方を示していない」と書いてあります。人事担当者としては，人件費へのインパクトが大きい退職金や住宅手当や家族手当の考え方こそ，知りたいところではないでしょうか。しかし，これらの手当については，「不合理と認められる待遇の相違の解消等が求められる」のに，具体的な指針が示されていないのです。

　不透明な点はいくつかありますが，ガイドラインが出された以上は，企業はこれをもとに，賃金などの人事制度の改定を進める必要があります。

　ガイドラインの「基本的な考え方」をさらに詳しくみていきます。

▶▶▶基本的な考え方

> 　事業主が，**雇用管理区分を新たに設け**，当該雇用管理区分に属する通常の労働者の**待遇の水準を他の通常の労働者よりも低く設定したとしても**，当該他の通常の労働者と短時間・有期雇用労働者及び派遣労働者との間でも**不合理と認められる待遇の相違の解消等を行う必要がある**。

出所：「同一労働同一賃金ガイドライン」より

　たとえば，「新正社員」や「準正社員」のような新しい低待遇の職種（新たな雇用管理区分）をつくったとしても，通常の労働者（正社員の

こと）と非正規社員の不合理な待遇は解消する必要がある，ということです。

▶▶▶基本的な考え方

　また，事業主は，通常の労働者と短時間・有期雇用労働者及び派遣労働者との間で**職務の内容等を分離した場合であっても**，当該通常の労働者と短時間・有期雇用労働者及び派遣労働者との間の**不合理と認められる待遇の相違の解消等を行う必要がある**。

出所：「同一労働同一賃金ガイドライン」より

　職務内容が異なれば，賃金差をつけてもよいのですが，その差があまりに大きすぎれば「不合理」と見なされる可能性がある，という意味です。

　たとえば，転勤がないという理由だけで，契約社員の賃金を正社員の半分にしたら「アウト」となるのではないでしょうか。

▶▶▶基本的な考え方

　事業主が，通常の労働者と短時間・有期雇用労働者及び派遣労働者との間の不合理と認められる待遇の相違の解消等に対応するため，就業規則を変更することにより，その雇用する**労働者の労働条件を不利益に変更する場合**，労働契約法（平成19年法律第128号）第9条の規定に基づき，原則として，**労働者と合意する必要がある**。

　また，**労働者と合意することなく**，就業規則の変更により労働条件を労働者の不利益に変更する場合，当該変更は，同法第10条の規定に基づき，当該変更に係る事情に照らして**合理的なものである必要がある**。

> 　ただし，短時間・有期雇用労働法及び労働者派遣法に基づく通常の労働者と短時間・有期雇用労働者及び派遣労働者との間の不合理と認められる待遇の相違の解消等の目的に鑑みれば，事業主が通常の労働者と短時間・有期雇用労働者及び派遣労働者との間の不合理と認められる待遇の相違の解消等を行うに当たっては，基本的に，**労使で合意することなく通常の労働者の待遇を引き下げることは，望ましい対応とはいえないこと**に留意すべきである。

出所：「同一労働同一賃金ガイドライン」より

　ここには賃金を下げるなど労働条件を不利益に変更する場合は，労使で合意する必要がある，と書かれてあります。

　先ほどみた日本郵政の事例では，労使が合意して地域限定正社員に対する住居手当の廃止を実施していました。

　以上のことをまとめると，このようになります。

> ●新たに待遇の低い「新正社員」のようなものをつくっても，非正規社員に，その他の正社員と比べて不合理な待遇の相違があれば解消する必要がある。
> ●職務内容を分離しても，不合理な待遇の相違があれば解消する必要がある。
> ●労使合意なしに，正社員の待遇を引き下げることは望ましくない。

　ガイドラインは，このような法律逃れのようなことはしてはならない，と釘を刺しているわけです。

1 / 基本給：ガイドラインの解説

　ガイドラインに記述されている基本給の考え方を紹介します。

　ガイドラインでは，①労働者の能力や経験に応じて支給する基本給，②労働者の業績や成果に応じて支給する基本給，③労働者の勤続年数に応じて支給する基本給——を想定して，問題とならない例と問題となる例を紹介しています。

　基本給については，「同一労働同一賃金となるよう職務給の考え方を導入しなさい」といったことは書かれていません。むしろ，給与体系については，各社ごとに決めてもらって結構。ただし，正社員と非正規社員の不合理な格差は認められません，という主旨になっています。

　まず，①労働者の能力や経験に応じて支給する基本給については，次のように示しています。

▶▶▶基本給

①基本給であって，労働者の能力又は経験に応じて支給するもの	基本給であって，労働者の能力又は経験に応じて支給するものについて，通常の労働者と同一の能力又は経験を有する短時間・有期雇用労働者には，能力又は経験に応じた部分につき，通常の労働者と同一の基本給を支給しなければならない。また，能力又は経験に一定の相違がある場合においては，その相違に応じた基本給を支給しなければならない。

問題とならない例	イ．基本給について，労働者の能力又は経験に応じて支給しているA社において，ある能力の向上のための特殊なキャリアコースを設定している。通常の労働者であるXは，このキャリアコースを選択し，その結果としてその能力を習得した。短時間労働者であるYは，その能力を習得していない。A社は，**その能力に応じた基本給をXには支給し，Yには支給していない。**
	ロ．A社においては，定期的に職務の内容及び勤務地の変更がある通常の労働者の総合職であるXは，管理職となるためのキャリアコースの一環として，新卒採用後の数年間，店舗等において，職務の内容及び配置に変更のない短時間労働者であるYの助言を受けながら，Yと同様の定型的な業務に従事している。A社はXに対し，**キャリアコースの一環として従事させている定型的な業務における能力又は経験に応じることなく，Yに比べ基本給を高く支給している。**
	ハ．A社においては，同一の職場で同一の業務に従事している有期雇用労働者であるXとYのうち，能力又は経験が一定の水準を満たしたYを定期的に職務の内容及び勤務地に変更がある通常の労働者として登用し，その後，**職務の内容や勤務地に変更があることを理由に，Xに比べ基本給を高く支給している。**

問題とならない例	ニ．A社においては，同一の能力又は経験を有する通常の労働者であるXと短時間労働者であるYがいるが，XとYに共通して適用される基準を設定し，就業の時間帯や就業日が日曜日，土曜日又は国民の祝日に関する法律（昭和23年法律第178号）に規定する休日（以下「土日祝日」という。）か否か等の違いにより，時間当たりの基本給に差を設けている。
問題となる例	基本給について，労働者の能力又は経験に応じて支給しているA社において，通常の労働者であるXが有期雇用労働者であるYに比べて多くの経験を有することを理由として，Xに対し，Yよりも基本給を高く支給しているが，Xのこれまでの経験はXの現在の業務に関連性を持たない。

出所：「同一労働同一賃金ガイドライン」より

　一見すると，かなり具体的に書かれてあるように見えますが，「自分の会社ではどうするべきか」という視点で読み込むと，まだあいまいな部分があります。さらに判例も，まだ基本給については，「どの程度が違法なのか」が明らかに示されていません（2019年5月現在）。

　したがって，人事担当者はこのガイドラインを参考にしながら，自社流の「新しい基本給」を構築していく必要があります。

　労働者の能力や経験に応じて支給する基本給とは，「職能給」や「能力給」と呼ばれているものです。

　多くの企業では，正社員には等級制度を設置していると思います。その場合，非正規社員が1等級の正社員と同じ仕事をしていたら，非正規社員にも1等級の賃金を支払わなければならない，ということです。

　ただし，ガイドラインでは，「正社員に職能給を導入するのであれば，非正規社員にも職能給を導入しなさい」とはなっていません。たとえば，非正規社員の賃金を，地域の相場で決めている企業は多いですが，その制度を改めることまでは求められていません。

　ガイドラインがいっているのは，「正社員の賃金と非正規社員の賃金のどちらにも職能給を導入しているなら，同じ運用をするように」ということなのです。したがって，「正社員に職能給を導入していても，非正規社員に職能給を導入していないのなら，同じ運用にしなくてもよい」と読み取ることができます。

　ガイドラインでは，②労働者の業績や成果に応じて支給する基本給について，次のように示しています。

▶▶▶基本給

②基本給であって，労働者の業績又は成果に応じて支給するもの	基本給であって，労働者の業績又は成果に応じて支給するものについて，通常の労働者と同一の業績又は成果を有する短時間・有期雇用労働者には，業績又は成果に応じた部分につき，通常の労働者と同一の基本給を支給しなければならない。また，業績又は成果に一定の相違がある場合においては，その相違に応じた基本給を支給しなければならない。 なお，基本給とは別に，労働者の業績又は成果に応じた手当を支給する場合も同様である。

問題とならない例	イ．基本給の一部について，労働者の業績又は成果に応じて支給しているＡ社において，所定労働時間が通常の労働者の半分の短時間労働者であるＸに対し，その販売実績が通常の労働者に設定されている**販売目標の半分の数値に達した場合には，通常の労働者が販売目標を達成した場合の半分を支給している。**
	ロ．Ａ社においては，通常の労働者であるＸは，短時間労働者であるＹと同様の業務に従事しているが，Ｘは生産効率及び品質の目標値に対する責任を負っており，**当該目標値を達成していない場合，待遇上の不利益を**課されている。その一方で，Ｙは，生産効率及び品質**の目標値に対する責任を負っておらず，当該目標値を**達成していない場合にも，待遇上の不利益を課されていない。Ａ社は，**待遇上の不利益を課していることとの見合いに応じて，ＸにＹに比べ基本給を高く支給している。**
問題となる例	基本給の一部について，労働者の業績又は成果に応じて支給しているＡ社において，**通常の労働者が販売目標を達成した場合に行っている支給を，短時間労働者であるＸについて通常の労働者と同一の販売目標を設定し，そ**れを達成しない場合には行っていない。

出所：「同一労働同一賃金ガイドライン」より

　仕事の業績や成果に応じて支給する給与は，「業績給」や「成果給」と呼ばれています。

　ここに書かれてあることは，たとえば同じ会社に正社員の営業担当者

と非正規社員の営業担当者がいて，両方に成果給を支給している場合，同じ成果を出したら同じ賃金を支給しなければならない，ということになります。

　ただし，この場合も「両方に成果給を支給している場合」に限られます。

　ガイドラインでは，③労働者の勤続年数に応じて支給する基本給について，次のように示してします。

▶▶▶基本給

③基本給であって，労働者の勤続年数に応じて支給するもの	基本給であって，労働者の勤続年数に応じて支給するものについて，通常の労働者と同一の勤続年数である短時間・有期雇用労働者には，勤続年数に応じた部分につき，通常の労働者と同一の基本給を支給しなければならない。また，勤続年数に一定の相違がある場合においては，その相違に応じた基本給を支給しなければならない。
問題とならない例	基本給について，労働者の勤続年数に応じて支給しているA社において，期間の定めのある労働契約を更新している有期雇用労働者であるXに対し，**当初の労働契約の開始時から通算して勤続年数を評価した上で支給している**。

問題となる例	基本給について，労働者の勤続年数に応じて支給している A 社において，期間の定めのある労働契約を更新している有期雇用労働者である X に対し，**当初の労働契約の開始時から通算して勤続年数を評価せず，その時点の労働契約の期間のみにより勤続年数を評価した上で支給している。**

出所：「同一労働同一賃金ガイドライン」より

　こちらも同様に，正社員と非正規社員に「勤続給」や「経験給」といった性質の基本給を導入しているのであれば，同じ基準で支給しなければならない，と書かれています。

　前提は「導入しているのであれば」ですので，「正規社員に経験給を導入しているのであれば，非正規社員にも経験給を導入しなければならない」とまではいっていません。

　ガイドラインでは，昇給についても例示しています。

　労働者の勤続による能力の向上に応じて行う昇給を，次のように示しています。

▶▶▶基本給

④昇給であって，労働者の勤続による能力の向上に応じて行うもの	昇給であって，労働者の勤続による能力の向上に応じて行うものについて，通常の労働者と同様に勤続により能力が向上した短時間・有期雇用労働者には，勤続による能力の向上に応じた部分につき，通常の労働者と同一の昇給を行わなければならない。また，勤続による能力の向上に一定の相違がある場合においては，その相違に応じた昇給を行わなければならない。

出所：「同一労働同一賃金ガイドライン」より

　昇給でも同様に，正社員（通常の労働者）と非正規社員（短時間・有期雇用労働者）の両方に能力に応じた昇給のルールを適用しているのであれば，両者を同じように昇給させなければなりません。

　人事担当者は，「では現段階において，正社員の基本給のルールと非正規社員の基本給のルールが異なっている場合は，何も是正する必要がないのか」と疑問に思うことでしょう。基本給のルールを正社員と非正規社員で別に設けている会社のほうが圧倒的に多いはずです。

　ガイドラインでは，次に紹介する「注」の中で，その疑問に答えています。

▶ ▶ ▶ 基本給（注）

1　（通常の労働者と短時間・有期雇用労働者との間に賃金の決定基準・ルールの相違がある場合の取扱い）	通常の労働者と短時間・有期雇用労働者との間に基本給，賞与，各種手当等の賃金に相違がある場合において，その要因として**通常の労働者と短時間・有期雇用労働者の賃金の決定基準・ルールの相違**があるときは，「通常の労働者と短時間・有期雇用労働者との間で**将来の役割期待が異なるため，賃金の決定基準・ルールが異なる**」等の主観的又は抽象的な説明では足りず，賃金の決定基準・ルールの相違は，通常の労働者と短時間・有期雇用労働者の職務の内容，当該職務の内容及び配置の変更の範囲その他の事情のうち，**当該待遇の性質及び当該待遇を行う目的に照らして適切と認められるものの客観的及び具体的な実態に照らして，不合理と認められるものであってはならない。**

出所：「同一労働同一賃金ガイドライン」より

　ここはとても重要なところですので，じっくり読み込んでいきます。

　この部分を平易な言葉で要約すると「正社員と非正規社員の基本給のルールが違うときは，従業員たちにしっかりその理由を説明できるようにしておくこと」となります。

　そして，その説明方法は，単に「正社員は将来の期待が大きいから，非正規社員とは異なるルールで賃金を支給している」では足りないと注意しています。

　正社員と非正規社員の基本給ルールに差異を設けるのであれば，客観的な実態や具体的な実態に照らしてみて，合理的でなければなりません。

　たとえば，スーパーマーケットであれば，「この人たちは幹部候補であり，将来は店長やエリアマネージャーになる人だから，特別なルール

で基本給を支払っている」という説明は，主観的または抽象的なので望ましくないということでしょう。

　人事担当者は，「正社員の給与制度と非正規社員の給与制度が異なる理由」を説明できるようにしておく必要があります。

　続いて，企業の動向をみてみましょう。

　日本CHO協会「同一労働同一賃金に関するアンケート」を，再び紹介します。

　「現在の賃金制度は，職務・役割等の『仕事』基準の仕組みか，または，能力・経験等の『人』基準の仕組みか」をたずねた設問では，以下のような結果となりました。

▌現在の賃金制度は，職務・役割等の「仕事」基準の仕組みか，または能力・経験等の「人」基準の仕組みか▌

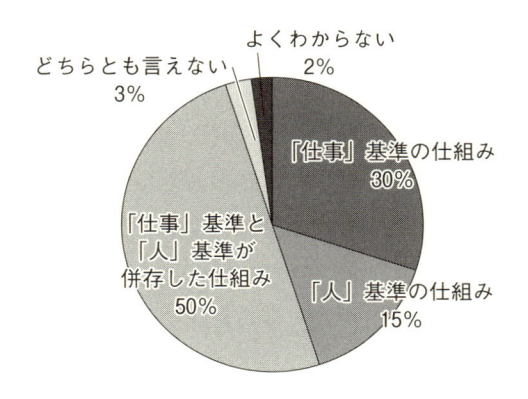

出所：2019年1月，日本CHO協会「同一労働同一賃金に関するアンケート」

　「正社員と非正規社員の基本給に格差はあるか，今後是正するか」をたずねた設問では，次のような結果となりました。

▌正社員と非正規社員の「基本給」の格差是正について▌

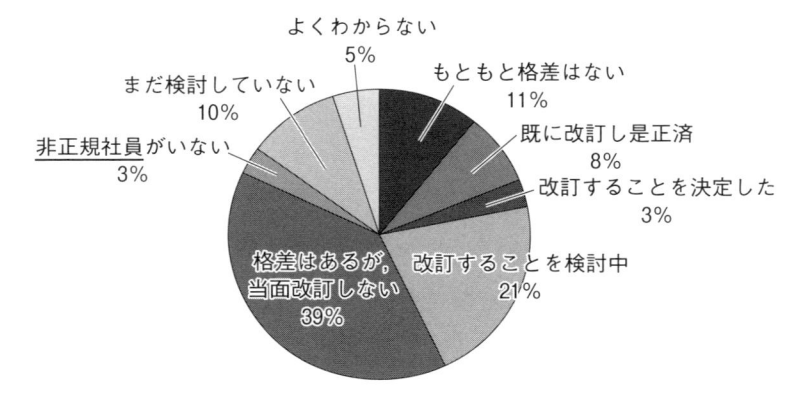

注：非正規社員とは「定年再雇用者」を除く
出所：2019年1月，日本CHO協会「同一労働同一賃金に関するアンケート」

「既に改訂し是正済」（8％）と「改訂することを決定した」（3％）と「改訂することを検討中」（21％）を合わせると32％になります。一方，「格差はあるが当面改訂しない」は39％でした。

「改訂する」と「改訂しない」は拮抗している状態です。

このように，多くの企業で対応が分かれる中で，企業の経営者や人事担当者は「わが社の基本給の在り方」を決めていかなければなりません。

基本給は，同一労働同一賃金の「肝」になるので，社内でしっかり議論して「新基本給」を決定する必要があります。

企業の対応策としては，次の3つの選択肢が考えられます。

▌基本給についての対応策▐

対応策1	有期社員・パート社員を正社員の等級制度・基本給制度に当てはめる。ただし，転勤の有無，職場配置・職種転換の有無，勤務可能な労働時間による基本給差は設定する。
対応策2	有期社員・パート社員も含めた共通の等級制度・基本給制度を新たに設計し，全社員に適用する。正社員の制度も見直す。条件差による基本給差は，対応策1と同じ。
対応策3	正社員との仕事区分を明確にすることで，現状の賃金差や給与制度の違いを維持する。

　対応策1は，非正規社員のルールをなくし，正社員のルールに一本化する方法です。

　対応策2は，基本給ルールを新たに設計したうえで，正社員と非正規社員の両方に適用する方法です。

　対応策3は，正社員と非正規社員の仕事を明確に区別して，基本給の制度や水準に関して現状を維持する方法です。たとえば，「正社員には明確な成果責任を定めているが，非正規社員にはそこまでの責任を負わせていない」といった違いを明文化することになります。

　今回の法改正の主旨に沿っているのは，対応策1と2です。安倍晋三首相が「この国から非正規という言葉を一掃する」といっていることからも，1または2が望ましいのは明らかです。

　ただ，基本給の差については，最高裁がまだ明確には「どの程度の格差が不合理なのか」といった基準を示していません。したがって，企業としては対応がとりづらい状況にありますが，少なくとも対応策3のように仕事区分を明確にすることで，給与水準や給与制度が異なることの妥当性を証明する必要があります。多くの会社はここから着手するでしょう。

　もちろん，一気に対応策1または2に進むことも可能です。

(1) 基本給：正社員水準に合わせるケース

　基本給を同一労働同一賃金化した実例をみていきましょう。正社員の水準に合わせたケースを2つ紹介します。

　日本通運株式会社は2019年2月に，非正規社員の賃金水準引き上げ方針を発表しました。

```
　　　　　　　▶日通，フルタイム契約社員の賃金引き上げ
　　　　　　　　人事トピックスのポイント（2019年1月）


　▷人事トピックスの概要
・物流業大手の日本通運が，2019年4月から，フルタイム契約社員の賃金
　を引き上げ，同じ条件で働くエリア正社員の水準に合わせることを発表
　した。
・約1万3,000人の有期雇用者のうち，フルタイムで働く約6,000人を，転
　勤がないエリア職正社員と同じ賃金体系に切り替え，賃金を引き上げる。
・この制度改定により，初年度は約100億円の人件費増を見込んでいる。
・「（2020年4月からの）法制化に先んじて対応することで，人材確保や
　社員のモチベーションアップなど社内の活性化が期待できる」としてい
　る。
```

　日通のケースは「対応策1：有期社員・パート社員（の一部）を，正社員の等級制度・基本給制度に当てはめる」に該当します。

　有期雇用非正規社員1万3,000人のうち，フルタイム非正規社員をエリア職と同じ賃金体系に引き上げる内容です。

　6,000人で年100億円なので，1人当たり年170万円ほどの人件費が上がる計算になります。かなりの金額ですが，日通の経常利益は800億円

ほどですので「まかなえる」範囲なのでしょう。それにしても，かなり思い切った経営判断といえます。

これは「攻め」の人事制度改革といえます。人件費は上がりますが，優秀な人材が集まる可能性が高まります。

クレジット会社の株式会社クレディセゾンの事例も，マスコミで大きく取り上げられました。

▶クレディセゾン，全従業員を正社員化
人事トピックスのポイント（2017年8月）

▷人事トピックスの概要

- クレジットカード大手のクレディセゾンは，社員区分を撤廃し，全従業員を正社員化すると発表した。
- 2017年9月より，約2,200人が新たに正社員に転換し，従業員3,900人が同じ雇用形態になる。
- 全社員が無期雇用となり，時給方式だった従業員も月給方式に切り替わり，年2回の賞与が支給され，確定拠出年金も加入できる。
- 全社員を共通の役割等級にあてはめ，給与決定や昇降格などの処遇を決める。

同社も，思い切った決断をしています。非正規社員2,200人を正社員にして，時給方式の非正規社員も月給方式に切り替えました。賞与の支給や確定拠出年金の加入まで正社員と同じレベルになります。

これは非正規社員に歓迎されました。

ただし，こうした大胆な改定ができるのは，同社の収益性が高いからということもいえるでしょう。対応策1を採用するには，企業に人件費を上げる余裕がなければなりません。

(2) 基本給：正社員も含めて再設計するケース

　「対応策２：有期社員・パート社員も含めた共通の等級制度・基本給制度を新たに設計し，全社員に適用する」ケースは，以下のように設定したモデル賃金制度を使って解説します。

　人事担当者が自社で対応策２を検討するとき，このモデルをベースにしてみてはいかがでしょうか。

　まず，等級制度を契約社員とパート・アルバイトにも導入します。このとき，正社員と完全に一緒にする必要はなく，下記の表のように「契約社員は正社員の等級の５等級まで」「パート・アルバイトの等級ごとの役割レベルは別途設ける」といったことは考えられます。

①等級：契約社員とパート・アルバイトを正社員と同一の等級制度に

ランク	定義	正社員	契約社員	パート・アルバイト
9等級	経営陣の補佐として事業統括ができる	総合職のみ昇格可		
8等級	部長の仕事ができる			
7等級	課長の仕事ができる			
6等級	課長補佐の仕事ができる			
5等級	主任級の仕事ができる			
4等級	スタッフリーダーとして現場責任者ができる			
3等級	時間帯責任者ができる			
2等級	初めての現場でもルーティン業務ができる			
1等級	指示を受けながら仕事ができる			

等級	呼称	求められる役割レベル
4等級	エキスパート	現場のリーダーとして，社員教育の代行ができる。
3等級	シニア	現場の段取り組み，後輩教育，イレギュラー対応等ができる。
2等級	ミドル	自分の仕事の段取りを組み，具体的指示なしで仕事ができる。
1等級	ジュニア	指示やマニュアルに沿って，日常的な仕事を行う。
	トレーニー	最低限の仕事を覚える試用期間。

　そのうえで，基本給については，次のような方針を立てました。

> • 契約社員の基本給の水準は正社員の90%にする
>
> （差を設ける理由：契約社員は働く地域と職種が限定されるため）
>
> • パート・アルバイトの基本給の水準は正社員の80%にする
>
> （差を設ける理由：パート・アルバイトは地域と職種が限定され，勤務曜日や勤務時間が希望によって設定できるため）

　差をつける場合は，差を設ける理由も決めておいてください。

　ここでは仮に「契約社員は90%」「パート・アルバイトは80%」という数字を用いていますが，この程度の差であれば許容範囲といえるのではないでしょうか。

　ただ，「80〜90%なら絶対に大丈夫」とは断言することはできませんので，留意しておいてください。

　基本給の水準としては，たとえば次のように設定することができます。

②基本給水準

ランク	正社員　（　）内は時給換算	契約社員	パート・アルバイト
9等級	595,000円〜680,000円　（3,500円〜4,000円）	—	—
8等級	527,000円〜595,000円　（3,100円〜3,500円）	—	—
7等級	459,000円〜527,000円　（2,700円〜3,100円）	—	—
6等級	408,000円〜459,000円　（2,400円〜2,700円）	—	—
5等級	357,000円〜408,000円　（2,100円〜2,400円）	1,890円〜2,160円	—
4等級	306,000円〜357,000円　（1,800円〜2,100円）	1,620円〜1,890円	1,440円〜1,680円
3等級	272,000円〜306,000円　（1,600円〜1,800円）	1,440円〜1,620円	1,280円〜1,440円
2等級	238,000円〜272,000円　（1,400円〜1,600円）	1,260円〜1,440円	1,120円〜1,280円
1等級	204,000円〜238,000円　（1,200円〜1,400円）	1,080円〜1,260円	960円〜1,120円

　正社員の基本給レンジでも，等級間の重なりをなくし，年功要素を排除しています。このように設定すると，同じ等級に長期間とどまる正社員の賃金を一定水準に抑えることができます。

　このモデル賃金制度で手当は，シンプルに役職手当，通勤手当，残業代のみとしています。そして，正社員だけでなく，契約社員とパート・アルバイトにも適用しています。

③手当：役職手当，通勤手当，（残業代）のみとし，契約社員，パート・アルバイトにも適用

役職	役職手当	役職	役職手当
本部長	180,000円	課長補佐	20,000円
部長	120,000円	主任	10,000円
課長	80,000円	リーダー	5,000円

　賞与も原則，全社員統一ルールにします。

　賞与の額は基本給と役職手当だけでなく，等級係数と評価係数でも差がつきますが，この差は正社員，契約社員，パート・アルバイトの全員に生じるので，同一労働同一賃金が崩れることはありません。

④賞与：等級・役職と評価により決定し，契約社員，パート・アルバイトにも適用

賞与＝（基本給月額＋役職手当）×業績月数（全社業績で決定）×等級係数×評価係数
　　　※契約社員，パート社員の基本給月額は，「時給×月間想定勤務時間」で算定

ランク	等級係数
7〜9等級	2.0
4〜6等級	1.5
2〜3等級	1.2
1等級	1.0

評価	評価係数
S	1.5
A	1.2
B	1.0
C	0.8
D	0.5

　これだけの仕組みにすれば，同一労働同一賃金に関して「問題あり」と指摘されることはほとんどないでしょう。しかし，かなり大規模な改定になるので，人事担当者は社内コンセンサスを得ながら，準備を進めていく必要があります。

(3) 基本給：仕事区分を明確にし，現状の賃金を維持するケース

　「対応策3：正社員との仕事区分を明確にすることで，現状の賃金差や給与制度の違いを維持する」は，ほとんどの企業がすぐに取り組むことができる内容です。政府が想定している理想の同一労働同一賃金ではありませんが，対応策3をクリアしないことには始まりません。

　職務評価の実施手順については，厚生労働省が作成した「職務評価を用いた基本給の点検・検討マニュアル〜同一労働同一賃金への対応に向

けて」という資料に，詳しく出ています。

　これに沿って，全従業員分の職務（役割）評価表をつくり終えた際の
アウトプットについては，以下のような比較表が紹介されています。

　全従業員の職務（役割）評価表を並べると，有期雇用労働者Ｂさん
と正社員Ｃさんの「職務の大きさ」が同等であることがわかります。

評価項目	ウェイト	Aさん パートタイム労働者		Bさん 有期雇用労働者		Cさん 正社員	
		スケール	ポイント	スケール	ポイント	スケール	ポイント
①人材代替性	1	2	2	2	2	2	2
②革新性	1	1	1	1	1	2	2
③専門性	2	2	4	3	6	2	4
④裁量性	1	1	1	1	1	2	2
⑤対人関係の複雑さ （部門外／社外）	2	2	4	2	4	2	4
⑥対人関係の複雑さ （部門内）	1	3	3	3	3	3	3
⑦問題解決の困難度	2	1	2	2	4	2	4
⑧経営の影響度	1	1	1	1	1	1	1
			18		22		22

出所：「職務評価を用いた基本給の点検・検討マニュアル〜同一労働同一賃金への対応に向けて」
　　（厚生労働省）

　しかし，すべての対象者ごとにここまで詳細な業務分析をすることは，
とても煩雑で，膨大な労力を要します。

　そこで，職種ごとの業務内容を「大きくくくる」方法がおすすめです。

　たとえば，厚生労働省は，正社員と非正規社員（短時間労働者・有期
雇用労働者）の業務内容を，次のように評価する方法を提案しています。

▌待遇差説明記載例▐

基本給

基本給の決定要素	正社員			短時間労働者・有期雇用労働者		
職務の遂行能力	非常に重要	やや重要	重要でない	非常に重要	やや重要	重要でない
業務の内容や責任の重さ	非常に重要	やや重要	重要でない	非常に重要	やや重要	重要でない
仕事の成果や業績	非常に重要	やや重要	重要でない	非常に重要	やや重要	重要でない
年齢や勤続年数	非常に重要	やや重要	重要でない	非常に重要	やや重要	重要でない
市場での賃金相場	非常に重要	やや重要	重要でない	非常に重要	やや重要	重要でない
その他	非常に重要	やや重要	重要でない	非常に重要	やや重要	重要でない

出所：「パートタイム・有期雇用労働法対応のための取組手順書」（厚生労働省）

　たとえば，「業務の内容や責任の重さ」について「正社員：非常に重要」「契約社員：やや重要」「パート社員：重要でない」といった具合に判定していきます。

　そうすると，人事担当者は契約社員やパート社員に対し，「正社員より基本給の額が低いのは，業務内容や責任の重さに差があるからです」と，合理的な説明ができます。

　厚生労働省は，次のような従業員向けの「基本給差の説明例文」も提案していますので，参考にしてみてください。

- 正社員には月間の販売ノルマがあるため責任が重いが，**短時間労働者・有期雇用労働者にはノルマがなく，責任の程度が違うため。**
- 正社員は土日・夜間シフトの割当てがあり出勤が必要だが，**短時間労働者・有期雇用労働者は希望の日時でシフトを割り当てている。**
- 正社員は幹部候補として職務の内容や配置の変更があり，能力や経験に応じて支給，**短時間労働者・有期雇用労働者は，職務の内容や配置の変更はなく，現在の職務の内容に応じて支給しているため。**

※これらの記載例については，改正法への対応に向けて改善が必要な事例が含まれています
出所：「パートタイム・有期雇用労働法対応のための取組手順書」（厚生労働省）

　厚生労働省が示している説明例文ですので，人事担当者が非正規社員

から「正社員より基本給が低い理由」を聞かれたら，上記のように答えればよいわけです。もちろん，実態が説明のとおりになっていることが前提です。

　ただ「※」に注意してください。厚生労働省はこの説明例文にも「改善が必要」になる可能性があるとしています。つまり，この説明例文どおりに人事担当者が説明し，実態がそのようになっていたとしても，「OK」という断言は避けています。

2 賞与：正社員に合わせるか，一定引き上げか，しばらく待機か

　賞与制度の変更は，今回の同一労働同一賃金の導入で，人件費に最も大きなインパクトを与えると考えられます。

　パート・アルバイトに賞与を支給していない企業や，寸志程度だけ支給という会社も少なくないでしょう。小売業や飲食店は非正規社員が多いので，たとえば新たに社員並みの賞与水準を支給することになると，経営が成り立たなくなるのではないでしょうか。

　賞与について，「同一労働同一賃金ガイドライン」には次のように書かれています。

▶▶▶ 賞　与

賞与であって，会社の業績等への労働者の貢献に応じて支給するものについて，通常の労働者と同一の貢献である短時間・有期雇用労働者には，貢献に応じた部分につき，通常の労働者と同一の賞与を支給しなければならない。また，貢献に一定の相違がある場合においては，その相違に応じた賞与を支給しなければならない。	
問題とならない例	イ．賞与について，会社の業績等への労働者の貢献に応じて支給しているA社において，通常の労働者であるXと同一の会社の業績等への貢献がある有期雇用労働者であるYに対し，Xと同一の賞与を支給している。

問題とならない例	ロ．A社においては，通常の労働者であるＸは，生産効率及び品質の目標値に対する責任を負っており，当該目標値を達成していない場合，待遇上の不利益を課されている。その一方で，通常の労働者であるＹや，有期雇用労働者であるＺは，生産効率及び品質の目標値に対する責任を負っておらず，当該目標値を達成していない場合にも，待遇上の不利益を課されていない。A社は，Ｘに対しては，賞与を支給しているが，ＹやＺに対しては，待遇上の不利益を課していないこととの見合いの範囲内で，賞与を支給していない。
問題となる例	イ．賞与について，会社の業績等への労働者の貢献に応じて支給しているA社において，通常の労働者であるＸと同一の会社の業績等への貢献がある有期雇用労働者であるＹに対し，Ｘと同一の賞与を支給していない。
	ロ．賞与について，会社の業績等への労働者の貢献に応じて支給しているA社においては，通常の労働者には職務の内容や会社の業績等への貢献等にかかわらず全員に何らかの賞与を支給しているが，短時間・有期雇用労働者には支給していない。

出所：「同一労働同一賃金ガイドライン」より

　ガイドラインは，会社の業績等への労働者の貢献に応じて支給する賞与制度であれば，正社員と非正規社員の貢献度が同じなら同額，貢献度が異なるなら貢献度に応じた差をつけて支給しなければならない，としています。

　多くの会社が，賞与は業績貢献による支給という意味合いを持ってい

るのではないでしょうか。一方，「注目の判例」として紹介した大阪医科薬科大学の裁判では，「従業員の年齢や成績に連動しておらず，就労したこと自体に対する賞与制度」であったことが，アルバイトへの支給を命じる根拠となっていました。ガイドラインとこの判例を併せてみると，業績配分の賞与でも一律支給の賞与でも，非正規社員に支給しなくてもよいという理由が見出しづらくなります。

　したがって，正社員に賞与を支払っている企業が，契約社員やパート社員に一切賞与を支払わないと，その格差には合理性がないと認定される可能性が高まっていると考えられます。

　これまで非正規社員に賞与を支給していなかった企業は，大きな決断を迫られることになります。

　厚生労働省の「パートタイム労働者総合実態調査」（2016年）によると，正社員に賞与を支払っている企業は84.6％に及びますが，パートに賞与を支払っている企業は33.7％しかありません。両者の差の50.9ポイント（＝84.6％−33.7％）を埋めるには，相当な金額の人件費が必要になるはずです。

▌パートタイム労働者に対する各種手当等の支給状況▐

> • 正社員とパートの両方を雇用している事業所において，正社員の各種手当等を支給している事業所の割合は，パートと比較して高くなっている。

手当等，各種制度の実施状況及び福利厚生施設の利用状況別事業所割合
（正社員とパートの両方を雇用している事業所＝100，複数回答）

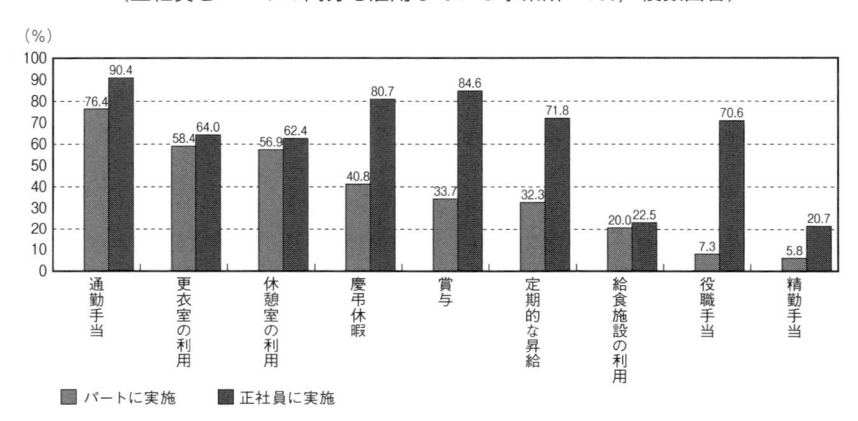

注：1）上記「手当等，各種制度の実施状況及び福利厚生施設の利用状況」は，各項目ごとに回答のあった事業所について集計。
出所：厚生労働省「パートタイム労働者総合実態調査（事業所調査）」（平成28年）

　賞与に関して，企業の意識を確認しておきましょう。

　日本CHO協会「同一労働同一賃金に関するアンケート」の結果は，次のとおりです。

▌正社員と非正規社員の「賞与」の格差是正について▌

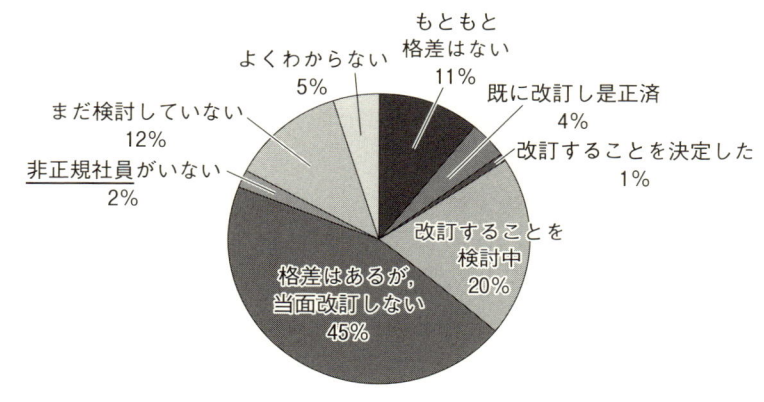

注：非正規社員とは「定年再雇用者」を除く
出所：2019年1月，日本CHO協会「同一労働同一賃金に関するアンケート」

　「既に改訂」「改訂を決定」「改訂を検討中」の合計が25%なのに対し，「格差はあるが，当面改訂しない」は45%にのぼりました。賞与の同一労働同一賃金化は，企業にとって高くて厚いハードルであり，様子見が多いことがわかります。

　企業が様子見をしているのは，賞与関連の最高裁判決が少ないことも関係しています。しかし，どの企業も早晩，対応策をとることが求められます。そこで，次の3つの対応策を提案します。

▌賞与についての対応策▌

対応策1	有期社員・パート社員に対しても，正社員と同様の賞与制度を導入する。
対応策2	有期社員・パート社員の賞与を，一定水準引き上げる。
対応策3	賞与については，判例の動向などを踏まえて対応を検討する。

　すぐに対応策1を採用できない企業は，対応策2または3を検討してみてはいかがでしょうか。

厚生労働省は賞与の差を説明する例文として，次のようなものを挙げています。

ただ，この説明例文には，違法の疑いがある説明例文には「×」を明記しているのですが，合理的な説明例文となっているかどうかは明記していません。「○」をあえて記載していないのです。

厚生労働省も，手探り状態であることがうかがえます。

┃待遇差説明記載例┃
賞与

賃金項目	賞与	賞与
支給の目的	会社の利益を分配することによって，社員の士気を高めるため支給。	会社の利益を分配することによって，功労報償のために支給。
正社員	会社の業績等への貢献に応じ，0～4ヶ月分を支給する。	人事評価C以上の者について，1～4ヶ月分（平均2ヶ月分）を支給する。
短時間労働者・有期雇用労働者	一律の金額（1ヶ月分）を支給する。	支給なし。
違いを設けている理由	短時間労働者・有期雇用労働者の業務は定型業務であり，ノルマを課しておらず，業務による会社への貢献が一定のため，業務にかかわりなく一律の支給としている。	短時間労働者・有期雇用労働者は，人事評価を行っておらず，貢献度を評価できないため支給していない。
判定		×

「○」とは記載されていない！

出所：「パートタイム・有期雇用労働法対応のための取組手順」（厚生労働省）

3 手当，福利厚生，教育訓練

以上みてきたとおり，基本給と賞与はグレーゾーンが多く，是正するには大きなコストと労力を要します。

そこで，まずは最低限，「手当，福利厚生，教育訓練」を先に是正することです。おすすめする理由は，比較的違法性の判断がつきやすく，取り組みやすいからです。

(1) 手当：ガイドラインに例示されている手当の見直し方

それでは，厚生労働省の「同一労働同一賃金ガイドライン」を紹介しながら，解説していきます。

まずは役職手当です。ガイドラインには次のように書かれています。問題にある例と問題にならない例も記されています。

▶▶▶手　当

(1)役職手当であって，役職の内容に対して支給するもの	役職手当であって，役職の内容に対して支給するものについて，通常の労働者と同一の内容の役職に就く短時間・有期雇用労働者には，通常の労働者と同一の役職手当を支給しなければならない。また，役職の内容に一定の相違がある場合においては，その相違に応じた役職手当を支給しなければならない。

問題とならない例	イ．役職手当について，役職の内容に対して支給しているＡ社において，通常の労働者であるＸの役職と同一の役職名（たとえば，店長）であって同一の内容（たとえば，営業時間中の店舗の適切な運営）の役職に就く有期雇用労働者であるＹに対し，同一の役職手当を支給している。
	ロ．役職手当について，役職の内容に対して支給しているＡ社において，通常の労働者であるＸの役職と同一の役職名であって同一の内容の役職に就く短時間労働者であるＹに，所定労働時間に比例した役職手当（たとえば，所定労働時間が通常の労働者の半分の短時間労働者にあっては，通常の労働者の半分の役職手当）を支給している。
問題となる例	役職手当について，役職の内容に対して支給しているＡ社において，通常の労働者であるＸの役職と同一の役職名であって同一の内容の役職に就く有期雇用労働者であるＹに，Ｘに比べ役職手当を低く支給している。

出所：「同一労働同一賃金ガイドライン」より

　契約社員やパート社員を，役職者に就任させる機会はそう多くないはずです。したがって，役職手当について「非正規社員にも役職手当を支給する」と改定しても，賃金の総額に与えるインパクトは大きくありません。

　こうした手当から，先に是正していきましょう。

　続いて，特殊作業手当と特殊勤務手当に関するガイドラインの記述をみてみます。

(2)業務の危険度又は作業環境に応じて支給される特殊作業手当	通常の労働者と同一の危険度又は作業環境の業務に従事する短時間・有期雇用労働者には，通常の労働者と同一の特殊作業手当を支給しなければならない。
(3)交替制勤務等の勤務形態に応じて支給される特殊勤務手当	通常の労働者と同一の勤務形態で業務に従事する短時間・有期雇用労働者には，通常の労働者と同一の特殊勤務手当を支給しなければならない。
問題とならない例	イ．A社においては，通常の労働者か短時間・有期雇用労働者かの別を問わず，就業する時間帯又は曜日を特定して就業する労働者には労働者の採用が難しい早朝若しくは深夜又は土日祝日に就業する場合に時給に上乗せして特殊勤務手当を支給するが，それ以外の労働者には時給に上乗せして特殊勤務手当を支給していない。

| 問題とならない例 | ロ．A社においては，通常の労働者であるXについては，入社に当たり，交替制勤務に従事することは必ずしも確定しておらず，業務の繁閑等生産の都合に応じて通常勤務又は交替制勤務のいずれにも従事する可能性があり，交替制勤務に従事した場合に限り特殊勤務手当が支給されている。短時間労働者であるYについては，採用に当たり，交替制勤務に従事することを明確にし，かつ，**基本給に，通常の労働者に支給される特殊勤務手当と同一の交替制勤務の負荷分を盛り込み，通常勤務のみに従事する短時間労働者に比べ基本給を高く支給している。**A社はXには特殊勤務手当を支給しているが，Yには支給していない。 |

出所：「同一労働同一賃金ガイドライン」より

　高所作業や暑熱環境下での作業などを行った場合の特殊作業手当や，交替勤務などに対する特殊勤務手当を正社員に支給している会社は，非正規社員にも同じ手当を支給しなければならない，としています。

　危険作業や交替勤務の負荷は，正社員も非正規社員も同等なので，これらの手当の非正規社員適用は避けられないでしょう。

　精皆勤手当，時間外・深夜・休日手当を，続けて見てみます。

| (4)精皆勤手当 | **通常の労働者と業務の内容が同一の短時間・有期雇用労働者には，**通常の労働者と同一の精皆勤手当を支給しなければならない。 |

問題とならない例	A社においては，考課上，欠勤についてマイナス査定を行い，かつ，そのことを待遇に反映する通常の労働者であるXには，一定の日数以上出勤した場合に精皆勤手当を支給しているが，**考課上，欠勤についてマイナス査定を行っていない有期雇用労働者であるYには，マイナス査定を行っていないこととの見合いの範囲内で，精皆勤手当を支給していない。**
(5)時間外労働に対して支給される手当	通常の労働者の所定労働時間を超えて，通常の労働者と同一の時間外労働を行った短時間・有期雇用労働者には，通常の労働者の所定労働時間を超えた時間につき，**通常の労働者と同一の割増率等で，**時間外労働に対して支給される手当を支給しなければならない。
(6)深夜労働又は休日労働に対して支給される手当	通常の労働者と同一の深夜労働又は休日労働を行った短時間・有期雇用労働者には，**通常の労働者と同一の割増率等で，**深夜労働又は休日労働に対して支給される手当を支給しなければならない。
問題とならない例	A社においては，通常の労働者であるXと時間数及び職務の内容が同一の深夜労働又は休日労働を行った短時間労働者であるYに，同一の深夜労働又は休日労働に対して支給される手当を支給している。

| 問題となる例 | A社においては，通常の労働者であるXと時間数及び職務の内容が同一の深夜労働又は休日労働を行った短時間労働者であるYに，深夜労働又は休日労働以外の労働時間が短いことから，**深夜労働又は日労働に対して支給される手当の単価を通常の労働者より低く設定している。** |

出所：「同一労働同一賃金ガイドライン」より

　精皆勤手当について，ガイドラインでは「通常の労働者（正社員）と業務内容が同一の場合」，短時間・有期雇用労働者（非正規社員）にも支給しなければならない，としています。

　業務内容が正社員と異なれば，精皆勤手当に差が出てもよい，と読み取ることができます。

　精皆勤と業務内容は無関係なように思われますが，なぜか精皆勤手当だけ「業務の内容が同一の」という条件を設定しています。

　とはいえ，全正社員に精皆勤手当を支給しているような会社では，非正規社員も支給対象にしていくことが妥当でしょう。

　時間外・深夜・休日手当については，非正規社員にも割増賃金を支払わなければならないのは当然のことであり，それは同一労働同一賃金とは関係ありません。

　ここで問題になるのは，会社の規定で労働基準法の定めより高い割増率を正社員に支払っているケースです。たとえば，労基法では時間外労働の割増率は25％ですが，社内規定で35％にしていたとします。この場合，非正規社員が時間外労働を行ったら25％増ではなく35％増にすることを求めています。

　通勤手当，出張旅費，食事手当，単身赴任手当，地域手当は次のとおりです。

⑺通勤手当及び出張旅費	短時間・有期雇用労働者にも，通常の労働者と同一の通勤手当及び出張旅費を支給しなければならない。
問題とならない例	イ．A社においては，本社の採用である労働者に対しては，交通費実費の全額に相当する通勤手当を支給しているが，それぞれの店舗の採用である労働者に対しては，当該店舗の近隣から通うことができる交通費に相当する額に通勤手当の上限を設定して当該上限の額の範囲内で通勤手当を支給しているところ，店舗採用の短時間労働者であるXが，その後，本人の都合で通勤手当の上限の額では通うことができないところへ転居してなお通い続けている場合には，当該上限の額の範囲内で通勤手当を支給している。
	ロ．A社においては，通勤手当について，所定労働日数が多い（たとえば，週4日以上）通常の労働者及び短時間・有期雇用労働者には，月額の定期券の金額に相当する額を支給しているが，所定労働日数が少ない（たとえば，週3日以下）又は出勤日数が変動する短時間・有期雇用労働者には，日額の交通費に相当する額を支給している。

(8)労働時間の途中に食事のための休憩時間がある労働者に対する食費の負担補助として支給される食事手当	短時間・有期雇用労働者にも，通常の労働者と同一の食事手当を支給しなければならない。
問題とならない例	A社においては，その労働時間の途中に昼食のための休憩時間がある通常の労働者であるXに支給している食事手当を，その労働時間の途中に昼食のための休憩時間がない（たとえば，午後2時から午後5時までの勤務）短時間労働者であるYには支給していない。
問題となる例	A社においては，通常の労働者であるXには，有期雇用労働者であるYに比べ，食事手当を高く支給している。
(9)単身赴任手当	通常の労働者と同一の支給要件を満たす短時間・有期雇用労働者には，通常の労働者と同一の単身赴任手当を支給しなければならない。

⑽特定の地域で働く労働者に対する補償として支給される地域手当	通常の労働者と同一の地域で働く短時間・有期雇用労働者には，通常の労働者と同一の地域手当を支給しなければならない。
問題とならない例	A社においては，通常の労働者であるXについては，全国一律の基本給の体系を適用し，転勤があることから，地域の物価等を勘案した地域手当を支給しているが，一方で，有期雇用労働者であるYと短時間労働者であるZについては，それぞれの地域で採用し，それぞれの地域で基本給を設定しており，そのなかで地域の物価が基本給に盛り込まれているため，地域手当を支給していない。
問題となる例	A社においては，通常の労働者であるXと有期雇用労働者であるYにはいずれも全国一律の基本給の体系を適用しており，かつ，いずれも転勤があるにもかかわらず，Yには地域手当を支給していない。

出所：「同一労働同一賃金ガイドライン」より

　通勤手当を非正規社員に支給しない会社は少数だと思いますが，これは支給するようにしましょう。出張旅費も同様ですが，影響は限られます。

　食事手当について，たとえば正社員に月額1万円，フルタイム契約社員に月額5,000円といった規定にしている場合は，同額にしたほうがよいでしょう。

　単身赴任手当については，非正規社員が単身赴任するケースは少ない

ので，正社員と同条件を適用しても影響は限定的です。

　地域手当は，少し考えなければなりません。たとえば，従来から東京本社の非正規社員の時給を1,200円とし，関西支社の非正規社員の時給を1,000円としている場合，物価水準を考慮して東京本社の非正規社員の時給を高くしていれば，地域手当を含んだ時給と考えることができます。つまり，このケースでは，正社員のみ地域手当を支給していても，改めて非正規社員に地域手当を支払う必要はない，といえそうです。ただし，東京本社の時給を，基本時給1,000円＋地域時給200円＝1,200円，としておくほうが意味合いは明快となるでしょう。

　以上で，ガイドラインの手当に関する具体例は終わっています。このガイドラインには，退職手当，住宅手当，家族手当（扶養手当）について，具体例が示されていない点に注意してください。

　人事担当者としては「賃金総額にインパクトが大きい家族手当，住宅手当，退職手当こそ指針がほしい」と感じるでしょう。しかし，この3つの項目については，先述したようにガイドラインの「基本的な考え方」で次のように触れてあるだけです。

　「この指針に原則となる考え方が示されていない退職手当，住宅手当，家族手当等の待遇や，具体例に該当しない場合についても，不合理と認められる待遇の相違の解消等が求められる。このため，各事業主において，労使により，個別具体の事情に応じて待遇の体系について議論していくことが望まれる。」

　退職手当，住宅手当，家族手当についても，不合理な待遇差は解消してください，と述べています。企業は，退職手当，住宅手当，家族手当を含め，ガイドラインで指摘されているすべての手当について，改定方針の検討を進めなければなりません。

　大企業は，どのように対応しているのでしょうか。

　日本CHO協会の「同一労働同一賃金に関するアンケート」をみてみましょう。

　「正社員と非正規社員の手当の格差是正について」の設問では，次のような結果となりました。

┃正社員と非正規社員の「諸手当」の格差是正について┃

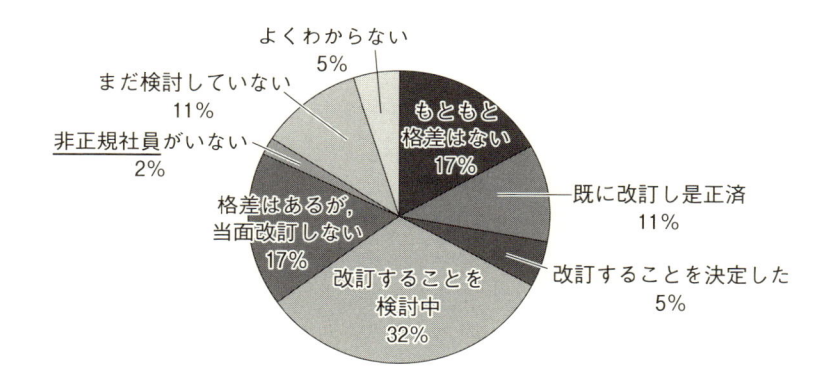

　　注：非正規社員とは「定年再雇用者」を除く
出所：2019年1月，日本CHO協会「同一労働同一賃金に関するアンケート」

　「もともと格差はない」「既に改訂し是正済」「改訂することを決定した」「改訂することを検討中」を合わせると65％もありました。手当については，基本給や賞与に比べても，見直さざるを得ない，と考えている会社が多いことがわかります。

(2) 福利厚生：ガイドラインに例示されている福利厚生の見直し方

　福利厚生に関するガイドラインの内容は，以下のとおりです。

▶▶▶福利厚生

(1)福利厚生施設（給食施設，休憩室及び更衣室をいう。以下同）	通常の労働者と同一の事業所で働く短時間・有期雇用労働者には，通常の労働者と同一の福利厚生施設の利用を認めなければならない。
(2)転勤者用社宅	通常の労働者と同一の支給要件（たとえば，転勤の有無，扶養家族の有無，住宅の賃貸又は収入の額）を満たす短時間・有期雇用労働者には，通常の労働者と同一の転勤者用社宅の利用を認めなければならない。
(3)慶弔休暇並びに健康診断に伴う勤務免除及び当該健康診断を勤務時間中に受診する場合の当該受診時間に係る給与の保障	短時間・有期雇用労働者にも，通常の労働者と同一の慶弔休暇の付与並びに健康診断に伴う勤務免除及び有給の保障を行わなければならない。
問題とならない例	A社においては，通常の労働者であるXと同様の出勤日が設定されている短時間労働者であるYに対しては，通常の労働者と同様に慶弔休暇を付与しているが，週2日の勤務の短時間労働者であるZに対しては，勤務日の振替での対応を基本としつつ，振替が困難な場合のみ慶弔休暇を付与している。

(4)病気休職	短時間労働者（有期雇用労働者である場合を除く。）には，通常の労働者と同一の病気休職の取得を認めなければならない。また，有期雇用労働者にも，労働契約が終了するまでの期間を踏まえて，病気休職の取得を認めなければならない。
問題とならない例	A社においては，労働契約の期間が1年である有期雇用労働者であるXについて，**病気休職の期間は労働契約の期間が終了する日までとしている。**
(5)法定外の有給の休暇その他の法定外の休暇（慶弔休暇を除く。）であって，勤続期間に応じて取得を認めているもの	法定外の有給の休暇その他の法定外の休暇（慶弔休暇を除く。）であって，勤続期間に応じて取得を認めているものについて，通常の労働者と同一の勤続期間である短時間・有期雇用労働者には，通常の労働者と同一の法定外の有給の休暇その他の法定外の休暇（慶弔休暇を除く。）を付与しなければならない。なお，期間の定めのある労働契約を更新している場合には，当初の労働契約の開始時から通算して勤続期間を評価することを要する。
問題とならない例	A社においては，長期勤続者を対象とするリフレッシュ休暇について，業務に従事した時間全体を通じた貢献に対する報償という趣旨で付与していることから，通常の労働者であるXに対しては，勤続10年で3日，20年で5日，30年で7日の休暇を付与しており，短時間労働者であるYに対しては，所定労働時間に比例した日数を付与している。

出所：「同一労働同一賃金ガイドライン」より

　給食施設や休憩室などの福利厚生施設の利用について，正社員と非正規社員に差を設けている企業は少ないと思われます。もし差を設けているのであれば，すぐに是正したほうがよいでしょう。

　一方，慶弔休暇や病気休職については，正社員と非正規社員に差を設けている企業は少なくありません。たとえば，身内が亡くなったとき，正社員は4日休めるが非正規社員は2日しか休めない，といった規定は早期に改善することをおすすめします。

　福利厚生の同一労働同一賃金化についても，日本CHO協会「同一労働同一賃金に関するアンケート」を確認しておきましょう。

　「正社員と非正規社員の福利厚生の格差是正について」尋ねたところ，次のような結果になりました。

▌正社員と非正規社員の「福利厚生」の格差是正について▐

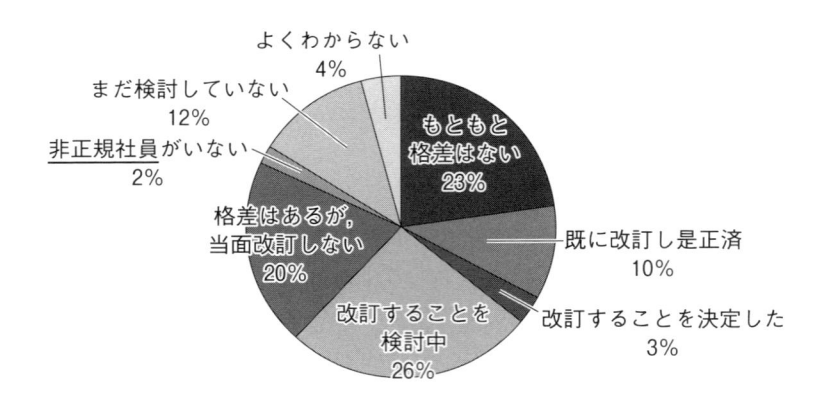

注：非正規社員とは「定年再雇用者」を除く
出所：2019年1月，日本CHO協会「同一労働同一賃金に関するアンケート」

　福利厚生の「もともと格差はない」「既に改訂し是正済」「改訂することを決定した」「改訂することを検討中」の合計は62％になります。手

当同様，大企業の多くは福利厚生の格差是正には積極的であることがわかります。

(3) 教育訓練：ガイドラインに例示されている教育訓練の見直し方

教育訓練に関するガイドラインの内容をみてみましょう。

▶▶▶教育訓練

(1)教育訓練であって，現在の職務の遂行に必要な技能又は知識を習得するために実施するもの	教育訓練であって，現在の職務の遂行に必要な技能又は知識を習得するために実施するものについて，通常の労働者と職務の内容が同一である短時間・有期雇用労働者には，通常の労働者と同一の教育訓練を実施しなければならない。また，職務の内容に一定の相違がある場合においては，その相違に応じた教育訓練を実施しなければならない。
(2)安全管理に関する措置及び給付	通常の労働者と同一の業務環境に置かれている短時間・有期雇用労働者には，通常の労働者と同一の安全管理に関する措置及び給付をしなければならない。

出所：「同一労働同一賃金ガイドライン」より

ガイドラインでは，正社員と非正規社員に同じ仕事をさせているのであれば，同じ教育訓練を実施するよう求めています。

仕事が異なっているとしても，正社員だけに教育訓練を行っていて，非正規社員に何もしていない企業があれば，非正規社員に対しても何かしらの教育訓練を行ったほうがよいでしょう。

「同一労働同一賃金に関するアンケート」の教育訓練に関する設問の回答をみてみましょう。

┃正社員と非正規社員の「教育訓練」の格差是正について┃

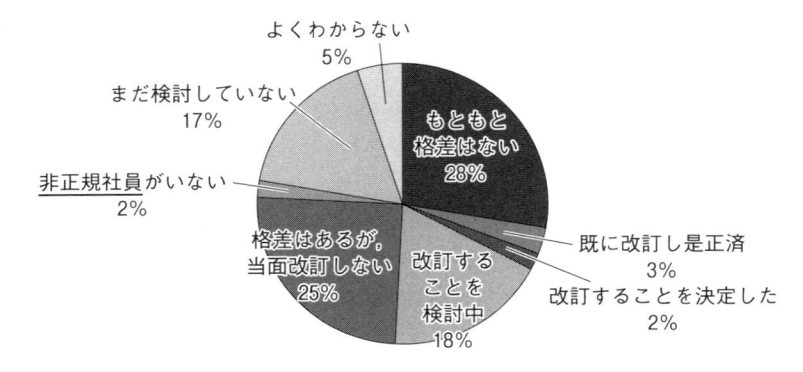

注：非正規社員とは「定年再雇用者」を除く
出所：2019年1月，日本CHO協会「同一労働同一賃金に関するアンケート」

　「もともと格差はない」「既に改訂し是正済」「改訂することを決定した」「改訂することを検討中」の合計は51％でした。

⑷ 手当，福利厚生，教育訓練を実務レベルで考えてみる

　企業の経営者や人事担当者は，手当，福利厚生，教育訓練の格差是正に，どのように取り組めばよいでしょうか。

　ガイドラインが示している手当，福利厚生，教育訓練については，正社員向けの制度に非正規社員も合わせていくことになるでしょう。ただ，非正規社員に通勤手当を支給していない会社などを除けば，手当，福利厚生，教育訓練を是正しても，人件費への影響はさほど大きくないと考えられ，対策は講じやすいといえます。

　繰り返しになりますが，企業にとってより大きな問題は，ガイドラインでほとんど触れられていない，家族手当，住宅手当，退職金です。この3つの項目を，すべての非正規社員に支給し，しかもその金額を正社員並みにすると人件費コストは相当増大します。

そこで企業は，次の対応策1，2，3の中から，方針を選択することになります。

┃手当，福利厚生についての対応策┃

対応策1	通勤手当や食事手当，休暇など業務内容の違いに左右されない手当・福利厚生については，正社員と支給額や条件を統一する。 ただし，勤務時間による金額差は設ける。
対応策2	ガイドライン記載の手当，福利厚生全般について，正社員と支給額を統一する。 ただし，勤務時間による金額差は設ける。
対応策3	家族手当，住宅手当，退職金についても，正社員と非正規社員を次の①または②の方法で統一する。 　①正社員に合わせる 　②廃止や支給額縮小も含め，新しい制度をつくって統合する

対応策1もしくは2については，「マスト項目」と認識し，導入の方向で社内議論を進めたほうがよいでしょう。

問題になるのが対応策3です。家族手当，住宅手当については後述しますが，退職金についても，「注目の判例」で紹介したメトロコマース社のように，長期間勤続した非正規社員に支給しないことが不合理という判決が定着すれば，企業にとって大変なインパクトがあります。中小企業はしばらく「待ち」でよいと思いますが，大企業にとっては，難しい判断が求められます。

さて，厚生労働省の「パートタイム・有期雇用労働法対応のための取組手順書」をみてみましょう。

人事担当者は，非正規社員から手当の差の理由をたずねられたときに説明しなければなりませんが，その説明内容の合理性を判断しています。

厚生労働省は，以下の2つの「違いを設けている理由」をいずれも「×（合理的な説明になっていない）」としています。

▌待遇差説明記載例▌

手当

賃金項目	通勤手当	精皆勤手当
支給の目的	通勤に要する交通費を補塡する目的で支給。	一定数の業務を行う人数を確保するため，皆勤を奨励する目的で支給。
正社員	交通費実費の全額に相当する通勤手当を支給。	月の勤務日数の9割以上を出勤した者に対し月5,000円を支給。
短時間労働者・有期雇用労働者	支給なし。	支給なし。
違いを設けている理由	短時間労働者・有期雇用労働者は，労働契約の期間に定めがあり，職務内容が正社員と異なるため支給していない。	短時間労働者・有期雇用労働者は，勤務日数が少ないため，支給していない。
判定	×	×

出所：「パートタイム・有期雇用労働法対応のための取組手順書」（厚生労働省）

　通勤手当は交通費の補塡なので，そこに職務内容が影響する余地はありません。したがって，「職務内容が正社員と異なるから，通勤手当を非正規社員に支給しない」という説明には合理性はありません。

　精皆勤手当については，「勤務日数が少ないため非正規社員に支給していない」という説明は合理性を欠きます。それは，勤務日数が少ないのであれば，少ないなりの精皆勤手当を非正規社員に支給しなければならないからです。

　厚生労働省は，福利厚生の同一化の事例として，給食施設（食堂）の利用を取り上げています。

　正社員にだけ食堂を利用させ，非正規社員に利用させない理由として「食堂が狭く，全員が利用できないため」と説明することは，合理性がない（×）と判断しています。

┃待遇差説明記載例┃

福利厚生

賃金項目	給食施設（食堂）
正社員	正社員は，利用の対象としている。
短時間労働者・有期雇用労働者	短時間労働者・有期雇用労働者は利用の対象からはずしている。
違いを設けている理由	食堂が狭く，全員が利用できないため。
判定	×

出所：「パートタイム・有期雇用労働法対応のための取組手順書」（厚生労働省）

(5) 家族手当をどうするのか

　ガイドラインでは，家族手当について具体例を示していませんが，人事担当者は検討を進めなければなりません。

　2018年までの判例は，「家族手当は非正規社員にも支給しなければならない」という判断が主流でした。「注目の判例」で紹介した日本郵便の大阪地裁判決の他に，井関松山製造所の松山地裁判決も，この判断を採用しています。

●井関松山製造所の事案：正社員に家族手当を支給，契約社員に不支給
●松山地裁（2018.4.24）：不合理
●判決理由：家族手当は生活補助的な性質を有しており，労働者の職務内容等とは無関係に，扶養家族の有無，属性及び人数に着目して支給されている。
　家族手当が無期契約労働者の職務内容等に対応して設定された手当と認めることは困難。

● （再掲）日本郵便の事案：正社員に家族手当を支給，契約社員に不支給
●大阪地裁（2018.2.21）：不合理
●判決理由：契約社員が家族を養う負担は正社員と変わらず，職務内容な
　どの違いにより家族手当の必要性が大きく左右されない。

　ところが2019年に入り，日本郵便の訴訟で大阪高裁が「家族手当を非
正規社員に支給しなくても不合理とはいえない」と判示しました。判決
理由は以下のとおりです。

● （再掲）日本郵便の事案：正社員に家族手当を支給，契約社員に不支給
●大阪高裁（2019.1.24）：不合理ではない
●判決理由：契約社員は原則として短期雇用が前提である。家族手当には
　長期雇用を前提とする基本給の補完という性質があるので，契約社員に
　家族手当を支給しなくても不合理ではない。

　企業の人事担当者としては，大阪高裁が大阪地裁より企業側に厳しい
判断を下したほうが，理解しやすかったのではないでしょうか。いずれ
にしても，大阪高裁の判決によって，趨勢はまったく読めない状況にな
りました。
　大阪高裁が家族手当の待遇差を不当でないとしたことで，多くの企業
は最高裁判決を待つことになるでしょう（2019年6月現在）。
　もちろん，正社員と同額の家族手当を非正規社員にも支給することが
理想ですが，人件費への影響は大きく，簡単には判断できないはずです。
　家族手当の平均支給額は，次のような調査結果が出ています。

▌家族手当の企業規模別の平均支給額▐

企業規模 (従業員数)	全平均	1,000人以上	300〜999人	100〜299人	30〜99人
1人当り平均額	17,282円	21,671円	17,674円	15,439円	12,180円
支給企業割合	67%	77%	77%	72%	64%

出所：就労条件総合調査（厚生労働省，平成27年公表）

　従業員1,000人以上の大企業は家族手当を2万円以上支給していて，支給している企業の割合も8割に迫ります。一方，中小企業は金額も支給割合も低くなっています。

　家族手当は現在，配偶者手当を縮小または廃止し，子ども手当を増額する流れが強まってきています。

　たとえば，トヨタ自動車は，すでに従来の「第1扶養19,500円，第2扶養以降1人当たり5,000円増額」という規定から，「子ども1人当たり2万円」という規定に変更しています。

　配偶者手当から子ども手当に切り替える流れは，政府や経団連も支持しています。

　ただ，家族手当の子ども手当化でも，次のような課題が想定されます。

A：夫婦が異なる企業に勤務している場合，どちら側の企業が負担するのか

B：契約社員やパート社員にも家族手当を支給することになった場合，制度を存続できるのか

C：そもそも晩婚化や非婚化が進む中で，社内で不公平感は増大しないのか

　Aについては，高額の子ども手当を支給する会社の場合，性別を問

わず，子どもを持つ社員のほとんどが，自らの扶養として手当を申請するかもしれません。すると，子ども手当の負担が想定以上に膨らむ可能性があるのです。夫の会社に子ども手当がなく，妻の会社の子ども手当が高額なら，子どもを妻の扶養に入れて手当を受け取る，といったケースです。

さらに，BやCの課題も考慮すると，家族手当を廃止してその原資を全社員に分けたほうがいいのではないか，という議論も考えられます。

ただ，家族手当の廃止はなかなか実現しないと考えます。それは，人事部長や経営陣のほとんどが中高年男性だからです。つまり，家族手当をこれまで享受してきた人たちが，家族手当の存廃の決定権を持っているのです。したがって，女性や独身者が家族手当を検討すれば廃止されるかもしれませんが，その方向に進む企業は少ないでしょう。

家族手当は今日的意義が問われている賃金項目であり，経営者や人事担当者の中にも問題視している人がいるはずです。社内で同一労働同一賃金を検討する今こそ，家族手当の在り方を考える好機になります。

⑹ 住宅手当をどうするのか

住宅手当については，転勤がある正社員と転勤がない非正規社員で支給の差があってもよい，とする判決が定説になりつつあります。

最高裁の判例は，以下のようになっています。

● （再掲）ハマキョウレックスの事案：正社員に住宅手当を支給，契約社員に不支給
●最高裁（2018.6.1）：不合理ではない

●判決理由：**正社員は転居を伴う配転が予定されており，契約社員と比べて住宅にかかる費用が多額となり得る。**したがって，正社員にのみ住宅手当を支給したとしても不合理ではない。

　ハマキョウレックス事案の最高裁の判断は，正社員は転勤によって住宅関連の費用負担が増大するので，正社員にだけ住宅手当を支給しても不合理ではない，という理屈です。

　ですが，本当に転勤の可能性があれば，住宅費が多額になるのでしょうか。実際に転勤した人は負担増となるでしょうが，その場合には別途，借り上げ社宅などの住宅費補助が出るはずです。

　とはいえ，最高裁判決が出た以上，転居をともなう転勤があるかどうかをもとにしての判断は，今後主流となりそうです。

　厚生労働省の調べによると，住宅手当の企業規模別の平均支給額は次のとおりです。

▌住宅手当の企業規模別の平均支給額▌

企業規模 （従業員数）	全平均	1,000人以上	300〜999人	100〜299人	30〜99人
1人当り平均額	17,000円	19,333円	17,818円	15,832円	14,359円
支給企業割合	46%	59%	60%	55%	41%

出所：就労条件総合調査（厚生労働省，平成27年公表）

　住宅手当については，転勤の可能性のある正社員にのみ支給している場合には，転勤のない非正規社員にまで拡大させていないことは正当化されそうです。

　一方，そもそも転勤先がない本社のみの中小企業では，正社員にだけ住宅手当を支給することの合理性を証明するのは難しくなりそうです。

あるいは，日本郵便のように，地域限定正社員に対して支給していた場合も同様です。このような会社は，非正規社員への支給拡大か，正社員に対する支給基準見直しか，の選択を迫られることになります。

4 人件費増加シミュレーションが重要！

コンプライアンス（法令遵守）の観点からすれば，同一労働同一賃金の方向性が法律で決まった以上，必要な是正を行う必要があります。しかし実務や経営の観点から考えると，非正規社員の待遇改善を行うと，人件費コストがどれくらい膨らむのかという検討が必要になります。

人事担当者は，何度もシミュレーションを繰り返し，具体的な改善方針を立案しなければなりません。

シミュレーションは，たとえば賞与であれば次のように行います。

▌契約社員の賞与水準を引き上げるケース▌

単位：円

氏名	基礎額	評価	現賞与額 年2ヵ月分	年3ヵ月分のケース		年3.5ヵ月分のケース		年4ヵ月分のケース	
				賞与額	増加額	賞与額	増加額	賞与額	増加額
○○	250,000	A (1.2)	600,000	900,000	300,000	1,050,000	450,000	1,200,000	600,000
□□	245,000	B (1.0)	490,000	735,000	245,000	857,500	367,500	980,000	490,000
△△	240,000	B (1.0)	480,000	720,000	240,000	840,000	360,000	960,000	480,000
◇◇	240,000	B (1.0)	480,000	720,000	240,000	840,000	360,000	960,000	480,000
・									
・									
・									
合計	5,000,000		10,300,000	15,450,000	5,150,000	18,025,000	7,725,000	20,600,000	10,300,000
合計 (社保込)				5,922,500		8,883,750		11,845,000	

このように1人ひとりについて，現状の支払額からいくら増額することになるのかを計算すれば，人件費増のインパクトの大きさがわかります。

一方で，新たに支給対象となる人数と1人当たり金額が想定できれば，

概算の人件費増加額が計算できます。詳細なシミュレーションには，家族手当なら対象者の家族構成を把握しておかなければなりませんし，通勤手当では対象者の通勤交通費を調べておく必要があります。

　この際，時間外手当の算定基礎となる手当なら時間外手当への影響，それに社会保険料の増加額についても，加算しておくようにしましょう。

第 **8** 章

定年再雇用制度の考え方，見直し方

定年退職後に，同じ会社に嘱託社員などで再雇用されるケース，これを定年再雇用制度といい，再雇用される人を定年再雇用者と呼んでいます。定年再雇用者も非正規社員ですので，同一労働同一賃金の対象者になります。

しかし，定年再雇用者の賃金では，「定年して再雇用された」という事情があるので，「同一労働『非』同一賃金」が，一部で認められることがあります。

1 定年後社員（定年再雇用者）の賃金水準実態

　次の表は労働政策研究・研修機構が調査した，定年後社員（定年再雇用者）の定年前と比較した平均年間賃金水準を，企業規模ごとにみたものです。

┃定年後社員の平均賃金水準┃

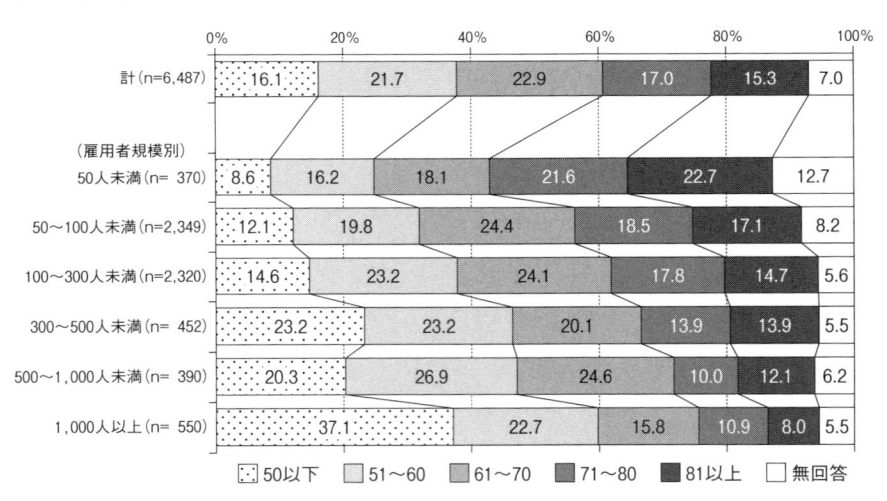

注：定年到達時の年間給与を100とした場合
出所：高年齢社員や有期社員の法改正後の活用状況に関する調査（労働政策研究・研修機構　平成
　　　26年5月公表）

　企業規模が小さいほど，元の給与（定年直前の年間給与）に近い金額を支給していることがわかります。50人未満の企業では，元の給与の71％以上を支給している企業の割合は44.3％（＝21.6％＋22.7％）です。

　定年再雇用者に，定年前の7割とか8割の水準を支給している中小企業は，珍しくありません。

　一方で，1,000人以上の大企業で元の給与の71%以上を支給している割合は18.9%（＝10.9%＋8.0%）にすぎません。そして1,000人以上の企業で，元の給与の50%以下しか支給しない企業の割合は，37.1%にも達します。

　大企業では，たいていの賃金水準や福利厚生などは，中小企業のそれより厚遇されています。

　しかし，この定年再雇用者への賃金の維持率だけは，中小企業のほうが勝っています。定年後の落差は，大企業のほうが大きいのです。大手企業の中には，年収1,000万円だった人を定年後，「月給22万円で，賞与なし」といった賃金水準で再雇用する会社もあります。確かに大企業の正社員の場合，「退職金をたくさんもらっているので仕方がない」という考え方もできますが，本人の勤労意欲は相当落ちるはずです。

　定年再雇用後の平均給与水準は，定年前の大体6〜7割ぐらいになります。「注目の判例」でみた長澤運輸の訴訟では，最高裁は，同一労働であっても，定年再雇用者の賃金が定年前の8割程度を維持できていれば違法にならない，という判断を出しています。

　したがって，人事担当者の関心事は，

- 定年後も同一労働であった場合，どの程度までの賃金引下げは可能なのか？
- 定年後に職務や配置ルールを変えた場合，どの程度までの賃金引下げは可能なのか？

という点ではないでしょうか。

　厚生労働省の「同一労働同一賃金ガイドライン」には，定年再雇用後の給与水準について，どのように書かれているのでしょうか。

2 ガイドラインにおける定年再雇用者の賃金に関する記述

　同一労働同一賃金であるか否かは，正社員と非正規社員の①職務内容（＋責任の程度），②職務内容・配置の変更範囲，③その他の事情——の３つの相違を考慮して判断します。

　定年再雇用者については，③その他の事情に該当する，としています。つまり，定年再雇用者の賃金がある程度正社員より下がってしまうのはやむを得ない，というのが厚生労働省の見解です。この点は，同一労働同一賃金ガイドラインにも明記されています。

　この点を踏まえながら，同一労働同一賃金ガイドラインをみてみましょう。

▶▶▶**基本給（注）**

2（定年に達した後に継続雇用された有期雇用労働者の取扱い）	定年に達した後に継続雇用された有期雇用労働者についても，短時間・有期雇用労働法の適用を受けるものである。このため，通常の労働者と定年に達した後に継続雇用された有期雇用労働者との間の賃金の相違については，実際に**両者の間に職務の内容，職務の内容及び配置の変更の範囲その他の事情の相違がある場合**は，その相違に応じた賃金の相違は許容される。 さらに，有期雇用労働者が**定年に達した後に継続雇用された者であること**は，通常の労働者と当該有期雇用労働者との間の待遇の相違が不合理と認められるか否かを判断するに当たり，短時間・有期雇用労働法第8条のその他の事情として考慮される事情に当たりうる。

定年に達した後に有期雇用労働者として継続雇用する
場合の待遇について，様々な事情が総合的に考慮され
て，**通常の労働者と当該有期雇用労働者との間の待遇
の相違が不合理と認められるか否かが判断される**もの
と考えられる。
したがって，当該有期雇用労働者が定年に達した後に
継続雇用された者であることのみをもって，直ちに通
常の労働者と当該有期雇用労働者との間の**待遇の相違
が不合理ではないと認められるものではない。**

出所：「同一労働同一賃金ガイドライン」より

　ガイドラインのこの説明から，企業が取り得る対応策としては次の2
点が考えられます。

▌定年再雇用者についての対応策▐

対応策1	定年再雇用者については，賃金水準など総合的な処遇制度についても見直しを検討する。
対応策2	定年再雇用者については，ガイドライン記載の手当項目などの見直しに限定する。

　厚生労働省の見解は，「企業は定年再雇用者の賃金に関して柔軟に対
応してもよい」と読み取ることができ，対応策2を採用してもよさそう
に思えます。

　しかし，筆者がおすすめしたいのは，対応策1です。

　特に，定年再雇用者の賃金水準が低い企業は，対応策1を真剣に検討
したほうがよいと考えます。以前に比べ，公的年金の受給開始年齢が後
退し，60代前半の生活が厳しくなっています。このような点に配慮して，
シニア社員層の定着や士気向上を狙って，待遇改善や定年延長に踏み切

る会社が増えています。

　同一労働同一賃金に対応するというよりは，むしろ組織力強化など積極的な目的で，対応策1を検討すべきであるといえます。

　企業の取り組みをみてみましょう。

　日本CHO協会「同一労働同一賃金に関するアンケート」で，「正社員と定年再雇用者の基本給，手当，賞与の格差是正について」たずねたところ，次のような結果になりました。

┃正社員と定年再雇用者の「基本給」「手当」「賞与」の格差是正について┃

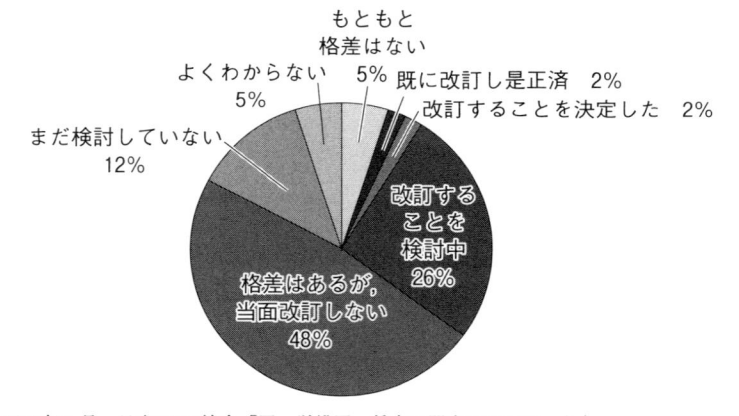

出所：2019年1月，日本CHO協会「同一労働同一賃金に関するアンケート」

　「格差はあるが，当面改定はしない」が，半数近くに達しました。

　ただ，「もともと格差はない」「既に改訂し是正済」「改訂することを決定した」「改定することを検討中」を合わせると35％になります。つまり，定年再雇用者への配慮に積極的な企業も，3分の1以上存在します。

3 / 定年再雇用者の賃金に関する裁判所の判断

　定年再雇用者の賃金に関する訴訟では，長澤運輸の事案を確認しました。改めておさらいしておくと，最高裁は正社員と定年再雇用者の間の賃金格差は，①年収水準79％程度なら不合理でない，②賞与・住宅手当・家族手当の不支給は不合理ではない，③精勤手当不支給は不合理——と判示しました。このことを踏まえて，別の判例をみておきます。

　トヨタ自動車の定年再雇用者への処遇について，名古屋高裁が2016年9月，判決を下しました。

▶トヨタ，定年再雇用後の別業務は不当
名古屋高裁2016年9月28日　判決のポイント

▷**裁判の概要**

　トヨタ自動車で元事務職社員が，定年再雇用後に，希望職種ではなく，清掃業務を提示されたのは不当として訴えた。

▷**判決のポイント**

- 再雇用後であっても，全く別の業務の提示は「継続雇用の実質を欠き，通常解雇と新規採用に当たる」と判断した。
- 定年後にどんな労働条件を提示するかは企業に一定の裁量があるとしたうえで，「適格性を欠くなどの事情がない限り，別の業務の提示は高年齢者雇用安定法に反する」と指摘した。
- 一審の名古屋地裁では，「事務職で再雇用されるための基準を満たしていなかった」とする会社側の主張を認めていた。

　トヨタの事務職だった男性が，定年退職後の再雇用で清掃業務を提示されたことを不当として訴えた裁判です。

　名古屋高裁は，定年再雇用者にまったく別の業務をさせることは，「定年再雇用という継続雇用」ではなく，実質的に通常解雇を行って新規採用したも同然である，と認定しました。

　ただ，地位の確認を認めなかったため，「事務職で再雇用せよ」とまではいっていません。

　企業の経営者や人事担当者は，この判決を「厳しい内容」と感じたのではないでしょうか。定年再雇用者に簡単な仕事しか与えない代わりに賃金を減額したい，と考えるケースもあるでしょう。

　名古屋高裁は，定年再雇用者に提示する労働条件については，企業に一定の裁量権があるとしながらも，適格性を欠くなどの事情がない限り，別の業務を提示することは高年齢者雇用安定法に反するとしました。

　2019年6月現在，この事案についての最高裁判決は下っていませんが，企業は「このような再雇用ルールが定着すると，定年再雇用しにくい」と感じるのではないでしょうか。

　次に紹介する判例は，北九州市の食品会社，九州惣菜の事案です。

▶**九州惣菜，定年再雇用後の賃金75%減は「違法」**
福岡高裁2017年９月７日　判決のポイント

▷**裁判の概要**

北九州市の九州惣菜で，経理職だった社員が，定年再雇用時の条件として賃金を25％相当に減らす提案をしたのは不法行為であるとして訴えた。

▷**判決のポイント**

• 定年再雇用後の条件として，月収ベース賃金を定年前の25％相当に減らす提案をしたのは不法行為にあたる。

• 定年前と再雇用後の労働条件に「不合理な相違が生じることは許されない」と指摘し，「生活への影響が軽視できないほどで高年齢者雇用安定法の趣旨に反し，違法」と訴えを認めた。

• その後，2018年３月１日に最高裁が，上告の不受理を決定して，上記判決が確定した。

　長澤運輸裁判では，定年退職者の賃金を２割減らすこと（定年前の８割を支給すること）は問題ない，と認定しました。ただ，人事担当者としては，賃金を減額できる下限を知りたいと思うでしょう。この判例では，その水準の目安が示されました。

　この北九州市の訴訟では，定年を迎える経理の社員が，会社側から定年再雇用の条件として定年前の賃金の25％の支給（つまり賃金75％減）を提示され，それを不服として起こされました。

　福岡高裁は，賃金25％支給（75％減）は不法行為であると判示し，最高裁もそれを支持して判決が確定しました。

　具体的には，定年前の月給33.5万円に対して，再雇用の条件として，時給900円，勤務時間実働６時間／日，週３〜４日勤務を提示した，と

いうことです。再雇用後の職務内容は異なるため，同一労働ではないケースです。

　福岡高裁は「定年前と再雇用後の労働条件に不合理な差異が生じている」「生活への影響が軽視できない」と認定しました。つまり「75％減は下げ過ぎだ」「生活できない」と認めたわけです。

　この事案は，同一労働でなかったとしても，定年再雇用者の賃金を「下げすぎることは許されない」と判断しています。

　75％減と聞くと極端なケースに感じますが，定年再雇用後はパート契約として，他のパート社員と同水準の時給にしている会社は，少なからず存在します。

　「この程度のことは，どの会社でも行っている」と感じている人事担当者もいるかもしれません。しかし，この判決によって，定年前に責任ある仕事を担っていた正社員を，定年再雇用時にパート社員にして，賃金を大幅カットすることは許されない，というルールが確定しそうです。

　ここまでの判例を整理しておきます。

- 定年再雇用者が同一労働であっても，賃金水準80％程度は認められる。
- 定年再雇用者が同一労働でなかったとしても，賃金水準25％程度は下げ過ぎである。

　企業の人事担当者としては，「25％支給が違法なら，30％支給はどうなのか，50％支給はどうなのか」といったことを知りたいと思いますが，これまでの判例で確定しているのは，この辺りまでです。

　定年再雇用者の賃金に関する訴訟は，今後も増えることが予想されます。人事担当者は，判決の行方を注視していてください。

4／定年再雇用や高齢者雇用に関する最近の企業トピックス

　定年再雇用や高齢者雇用に関する最近の企業トピックスを紹介します。またトヨタの事例ですが，「スキルド・パートナー」の仕組みは，他企業の参考になりそうです。

▶トヨタ，上級スキルド・パートナー制度
人事トピックスのポイント

▷人事トピックスの概要
- トヨタ自動車は，工場勤務の技能職において，2016年度から「実質65歳定年」を目指し，65歳まで意欲高く活躍し続けることを後押しするために，定年時点と同じ職位・待遇を維持する「上級スキルド・パートナー（SP）制度」を新設した。
- それまでの定年再雇用制度「スキルド・パートナー」に一定の条件をクリアした社員が上級SPの対象となる。

　状況次第ではありますが，定年前の賃金水準を維持する道が拓かれています。対象者は工場の社員だけですが，かなり画期的な決断といえます。

　トヨタが定年再雇用者の待遇を改善した背景には，対象者の約7割しか定年再雇用できていないという現実がありました。トヨタとなると退職金の額も大きいので，引退を決意しやすいのでしょう。また「トヨタ出身者」という肩書があれば，別の会社でも歓迎されます。

　世界のトヨタでも，定年退職者の再雇用に苦慮している実態が浮き彫りになったかたちです。

同じ自動車メーカーのホンダは，定年延長を選択しました。

▶ホンダ，定年を65歳に延長
人事トピックスのポイント

▷人事トピックスの概要
- ホンダは，グループ6社の社員約4万人を対象に，2017年度より定年年齢を60歳から65歳に引き上げた。
- 賃金水準については，定年前に比べて従来の半分程度から，平均80％まで改善した。
- ベテラン社員の技能伝承など，シニア層の意欲改善を狙いとする。

60歳定年を65歳まで延長し，賃金は定年前の平均80％を支給（20％減）するといいます。これまでは，約50％水準（50％減）だったということですので，思い切った賃金引き上げといえます。

続いて，味の素AGFの事例も紹介します。

週休3日にして休日を増やしながら，給与水準も引き上げています。この内容であれば，週末に趣味を楽しめますし，もしかしたら副業に取り組むこともできるかもしれません。定年再雇用者には喜ばれる内容ではないでしょうか。

▶味の素AGF，再雇用後の週休３日制，年収も３割アップ
人事トピックスのポイント

▷人事トピックスの概要

- コーヒー飲料メーカーの味の素AGFは，60〜65歳の再雇用社員について，2018年７月から週休３日制を導入し，年収水準を約３割増やす。
- これまでは賃金水準を定年前の半分程度の水準としていたが，減少幅を縮小することで，シニア社員のモチベーションを高める。また，週休３日制でフレキシブルに働ける環境をつくることで，働き手の確保を促進する。

同じ動きは，公務員でもみられます。

▶国家公務員の定年延長，給与水準は7割
人事トピックスのポイント

▷人事トピックスの概要

- 政府は，国家公務員の定年を現在60歳から段階的に65歳まで延長し，60歳以上の給与を定年前の約７割に設定する法改正方針を固めた。
- 定年を2021年度から３年ごとに１歳ずつ上げ，2033年度に65歳とする方向で検討している。
- ７割とする理由は，民間企業において60歳以上も正社員として働く人の，50代後半から年収比率に合わせるため。

　国家公務員の定年年齢も今後，段階的に65歳まで引き上げる方針です。そして，60歳以降の賃金水準を，50歳代後半の７割程度（３割減）にする，という内容です。

　7割支給の根拠は「民間企業の水準」としていますが，実際には，民間企業が正社員のままで定年延長した場合の水準です。

　つまり，国家公務員の定年延長後の賃金水準のほうが，民間より高くなる可能性があります。ただし，これが実現すれば，今後は民間企業も「定年前の7割」がスタンダードになっていくのではないでしょうか。

　このように，定年再雇用者の賃金水準は今後高まることが予想されます。

5 定年再雇用者の賃金水準を どのように設計するか

　では，具体的にどのように定年再雇用者の賃金水準を，設計していけばよいのでしょうか。厚生労働省が，モデルを示しています。

▌定年後の賃金水準の考え方▐

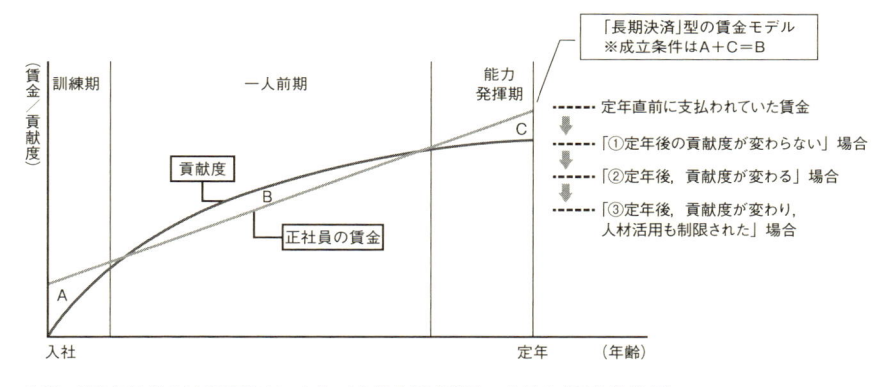

出所：「高年齢者人材活用戦略にもとづく賃金制度設計の方法」（厚生労働省）

　定年時のＣ地点では，貢献度より賃金のほうが上回っている状態です。つまり「賃金をもらいすぎている」と考えることもできます。

　ただ，「一人前期」は貢献度を下回る賃金しか支給されてこなかったので，Ｃ地点での逆転は許容範囲であると考えることもできます。

　では，定年再雇用の賃金（Ｃ地点以降の賃金）はどのように設計したらよいのでしょうか。厚生労働省は①，②，③の３つの賃金水準を示しています。

　①は，定年前と同様の職務内容を続けることを想定しています。ただ，定年再雇用後も引き続き定年直前に支払われていた賃金水準だと「過払

い」を継続することになるので，①ではそれを調整します。つまり，賃金水準を貢献度と同じ額まで下げるのです。

②は，定年前とは異なる職務に変更することを想定しています。賃金は貢献度に応じて，①より下げます。たとえば，定年後も継続して営業を担当してもらうが営業エリアを狭めたり，売上への責任をなくしたり，ノルマの設定を下げたりすることで，貢献度と賃金水準の整合性をとっていきます。

③は，定年前とは異なる職務に変更するだけでなく，人事異動や就業自由度など，人材活用についても制限される場合を想定しています。営業エリアを狭めるだけでなく，転勤もなくしたり，休みを増やしたりすることで，②よりも賃金水準を下げても合理性を持たせるようにします。

定年再雇用者の賃金設計では，NTTグループがすでに動き出しています。

NTT グループ

社員を65歳までの雇用延長に移行に向け，現役世代の人件費上昇を抑制する賃金制度を2013年秋から導入することで労使合意。40～50歳代を中心に，平均賃金カーブの上昇を抑え60歳以降の賃金原資を確保。賃金上昇カーブを抑える一方で，成果賃金の幅を拡大することで，評価の高い社員の年収は現行よりも高くなる可能性がある。

NTTグループの対応策は，「定年再雇用者の賃金の大幅低下が問題になるのは，定年前の賃金が高すぎるから」という考えの表れでしょう。そこで40代以降の賃金上昇カーブを抑えて，定年再雇用時の激変緩和をしようというわけです。

┃NTTグループ　改定イメージ┃

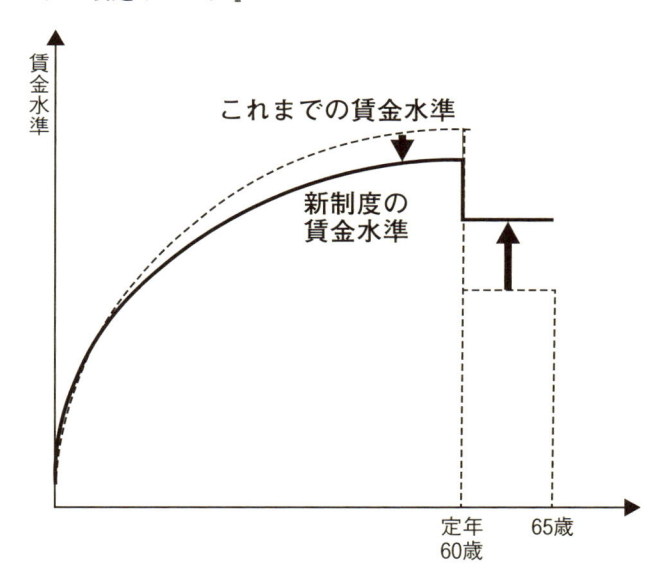

　定年再雇用者の賃金を上げるには，どこかから原資を持ってこなければなりません。そのターゲットになるのが，40代以降の「中高年男性正社員」です。

　20代，30代の年収はそれほど高くないので，この年代の賃金を下げてしまうとモチベーションの低下につながってしまいます。したがって，企業は，ここに手をつけることはできません。

　しかし，中高年男性正社員の賃金には，年功序列的な要素が少なからずあるので，それを抑えて，定年再雇用者の賃金の原資にするわけです。

　すでに，シニア社員の人員増や賃金水準引き上げにともない，大手企業の一部では，現役世代の賃金カーブ見直しの動きが始まっています。

　同一労働同一賃金への対応や定年再雇用者の賃金水準引き上げは，人件費を押し上げます。新しい賃金制度は，企業の経営者がこれを単に「コスト増」ととらえるか，それとも「定年再雇用者の貢献度を高め，

生産性を向上できれば，コスト分を吸収できる」ととらえるかによって，変わってくるでしょう。

6 / 賃金水準と勤務内容がポイント

　人事担当者が定年再雇用者の賃金を考えるとき，たとえば「定年前の60％は妥当か，80％は多すぎるのか」と考えることは，あまり意味がないでしょう。定年再雇用者の業務内容に見合った賃金やモチベーションを維持できる賃金はいくらなのか，という議論をすべきです。

　したがって，定年再雇用者の賃金や賞与についても，役割や評価によって変動させたほうがよいでしょう。

　人事担当者は，次のようなポイントを考慮しながら，賃金設計に取り組んでみてください。

定年延長と定年再雇用制度で再考すべきポイント

①対象者あるいは会社の意向に沿って選択できる勤務形態を用意しているか？

②賃金水準は「定年直前の賃金の〇％」と一律に決めるのではなく，定年後の役割や貢献に応じて決定すべきではないのか？

③定年後も，対象者の能力や特性を十分に発揮してもらう職務内容となっているか？

④定年後も，対象者のモチベーションが維持される処遇制度となっているか？

⑤とはいえ，現役世代の社員にとっても，シニア社員が負担にならないよう配慮されているか？

---

7 / コースや役割の仕組みをどのように設計するか

　65歳までの雇用が義務づけられるといっても，雇用形態について制約が設けられているわけではありません。まだまだ社員の定年年齢を延長する会社は少数派で，嘱託社員や契約社員として再雇用するケースが大半です。

　そこで，人事担当者が定年再雇用者の雇用形態やコース分けを考えるときは，社員ごとの意向や能力に加え，会社がコントロールできる柔軟な制度にしておく必要があります。

　社員ごとの意向とは，出勤日数や勤務時間などの勤務形態，やりたい仕事などの希望や条件のことです。

　たとえば，「定年後は通勤ラッシュの電車に乗りたくない」という人は，朝10時出勤にしてもよいでしょう。

　社員ごとの能力とは，定年前のポジションに対する能力ではなく，定年後の職務に対する能力や貢献度のことです。

　そして，会社側のコントロールがきく制度にしましょう。経営環境や人員計画や年齢構成などに応じて，調整できる仕組みにするのです。

　たとえば，中小企業の中には，優秀な人材に60歳以降も管理職や高度技能職として勤めてもらう会社があります。その一方で，65歳雇用義務化前なら，再雇用契約しなかったであろう評価の低い人材がいるかもしれません。

　そこで，対象者を一律に再雇用する制度ではなく，以下のようなコースを設け，社員ごとの能力や意欲に応じて，会社がコース選択できるようにしてはいかがでしょうか。

┃定年再雇用後のコース設定例┃

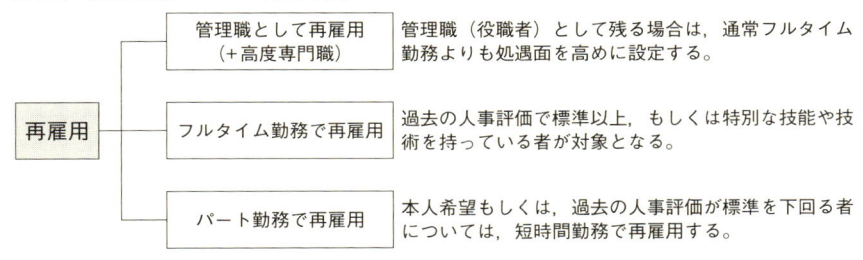

厳しい言い方になってしまいますが，フルタイムで働いてもらっても貢献度を期待できない場合は，短時間勤務にして賃金水準を引き下げる選択肢も会社には必要です。

そして，シニア社員（定年再雇用者）にも，正社員と同じ方法で役割等級を設けてみてはいかがでしょうか。たとえば，次のような役割等級をつくることができます。

┃シニア社員の役割等級基準例┃

6級	①課長クラスの育成を行う ②部長クラスの補佐を行う ③下位者に対し，実務およびマインド面を指導する ④自社を取り巻く経営環境・情報に気を配り，その内容を見据えたうえで適切な指導を行う ⑤部門レベルの改善提案を行う
5級	①非管理職層の育成をする ②課長クラスの補佐を行う ③下位者に対し，実務およびマインド面を指導する ④自社を取り巻く経営環境・情報に気を配り，その内容を見据えたうえで適切な指導を行う ⑤課レベルの改善提案を行う

4級	①新しい案件や非定常の案件にも，専門分野を通じて，適切な判断を行い，対処する ②適切に意思疎通を行い，部門に大きく貢献する ③高度で幅広い専門知識と，競争力あるスキルを発揮する ④他部署の関係者とも積極的にやり取りし，必要な情報を収集して業務を行う ⑤顧客のニーズ・満足を意識した提案を行い，標準以上の成果を挙げる ⑥担当業務および課メンバーの業務改善により，業務の効率化を努める
3級	①担当分野の業務をスケジュール通りに一人で行う ②適切に報告・連絡・相談を行なうと共に，相手に対して自分の考えを上手に伝える ③担当する業務の中で発生するであろう問題について正しく予測する ④顧客ニーズ・満足を意識した提案を行う ⑤担当業務の業務改善により，業務の効率化に努める

8 給与・賞与制度をどのように設計するか

　定年再雇用者の給与と賞与の制度を，どのように設計したらよいのか考えてみます。

　再雇用後の賃金については，定年前の給与水準をベースに決定するケースが多くみられます。たとえば，「59歳時点の基本給×60％」といった決め方です。

　しかしながら，定年前の給与水準は，あくまでそれまでの役割や貢献によって決定された賃金です。したがって，本来は定年再雇用者の給与と賞与は60歳以降の職務や役割，貢献度に応じて決定するのが妥当であるといえます。

　そこで，定年までの役職，等級，給与水準といった要素はいったん「ご破算」にして，60歳時点で再評価することをおすすめします。その後の役割や評価により，等級ランクや賃金を決定する方式を検討すべきでしょう。

　以下に紹介するのは，「高年齢雇用継続給付金」の受給要件を意識し，月額給与があまり上がらないように配慮を加えた，再雇用後の等級，給与・賞与基準例です。

　もちろん，等級ごとの要件や定義づけも行ってください。

▌シニア社員（定年再雇用者）の給与・賞与制度例▌

再雇用後の等級	月額給与	賞与ベース	時給の場合
6等級	450,000円	年4カ月	2,700円
5等級	360,000円	年4カ月	2,200円
4等級	280,000円	年3カ月	1,700円
3等級	240,000円	年3カ月	1,450円
2等級	200,000円	年2カ月	1,200円
1等級	180,000円	年2カ月	1,100円

　等級内での昇給まで設ける必要はありませんが，賞与の一部と次年度の等級は，毎年の人事評価により見直したほうがよいでしょう。

　定年後も引き続き意欲を持って仕事をする人がいる反面，急速にやる気をなくし，消極的な姿勢になってしまう人が存在するのも事実です。定年再雇用者に緊張感を維持してもらうためにも，60歳以降も処遇を変動させたほうがよいのです。

第 9 章

まとめ「やることリスト」

(1) 企業が対応すべきこと

　全体のまとめとして，同一労働同一賃金の導入が迫られている企業の経営者や人事担当者がすべきことを，箇条書きにしてみます。

①今回の法改正は，あくまで一企業内の正社員・非正規社員の不合理な待遇格差是正である。大企業は2020年4月から，中小企業は2021年4月から適用されるので，計画的に賃金などの待遇を見直す。

②契約社員，パート・アルバイト社員，定年再雇用社員は，ガイドラインや判例を参考に，必要な見直しを進める。

③派遣社員の同一労働同一賃金については，対応を派遣会社に任せてよいが，派遣料アップには備えておく。

④非正規社員の基本給は，正社員と制度を合わせるか，制度が異なる理由を説明できるようにしておく。

⑤非正規社員の基本給・賞与・退職金については，今後の裁判結果を眺めながら対応していくことが主流になる。

⑥ガイドラインに明記されている非正規社員の手当，福利厚生については早期に対応を決めておく。

⑦人件費へのインパクトが大きい家族手当，住宅手当はガイドラインにほとんど記載されていないが，それでも対応を検討しなければならない。正社員の制度自体も検討課題となってくる。

⑧収益や人手不足といった経営状況，判例やガイドラインなどの法律関係，さらに他社事例を基に，正社員の賃金制度も含めた自社の対応方針を決定し，遅過ぎず，早過ぎずに準備を進める。

　以上8項目は，経営者と人事担当者の「やることリスト」ととらえておいてください。すべてを一気に解決しようとせず，社内のコンセンサスを得たり，従業員に説明したりしながら，ひとつずつ確実に取り組み

ましょう。

(2) 処遇改定方針書の作成

　最後に，同一労働同一賃金に基づく処遇改定方針書の記入例をご紹介します。このような方針書を作成し，自社にとって必要な人事制度改善を行ってください。

▌同一労働同一賃金に基づく処遇改定方針書（記入例）1／2▐

当てはまる □ に ✓ し，ポイントを記載

雇用間差異のある処遇項目	正社員（全国）	正社員(地域限定)
正社員と比較した職務内容，責任	―	―
職務内容と配置の変更範囲	転勤，職種間異動あり。	転勤なし，職種間異動あり。
その他の事情	―	―
基本給	決定要素，水準 職能給 □要改定	決定要素，水準 職能給（全国社員の90％水準） □要改定
賞与	決定要素 ☑月給　□等級・職位 ☑会社業績　□部門業績 ☑個人評価　□その他 □要改定	決定要素 ☑月給　□等級・職位 ☑会社業績　□部門業績 ☑個人評価　□その他 □要改定
退職金	等級によるポイント方式 □要改定	等級によるポイント方式 □要改定
家族手当	扶養配偶者　10,000円 子ども1人当り5,000円 □要改定	扶養配偶者　10,000円 子ども1人当り5,000円 □要改定
通勤手当	定期代支給，上限50,000円 □要改定	定期代支給，上限50,000円 □要改定
食事手当	月6,000円 □要改定	月6,000円 □要改定

上段：現状　　下段：改定方針

定年後嘱託社員	契約社員	パート社員
役職からは外れる。 業務負担・責任は軽減。	業務負担・責任は軽い。	業務負担・責任は軽い。
転勤なし，職種間異動あり。	転勤なし，職種間異動あり。	転勤，職種間異動なし。
定年後の継続雇用。	－	勤務する曜日，時間帯を 本人希望により選択可。
決定要素，水準 定年前の60％で固定	決定要素，水準 全国社員の80％程度，評価で昇給	決定要素，水準 地域相場で決定，勤続により昇給
☑要改定　□仕事・役割の明確化	□要改定　☑仕事・役割の明確化	□要改定　☑仕事・役割の明確化
☑正社員より低水準　　□なし	☑正社員より低水準　　□なし	☑正社員より低水準　　□なし
☑要改定 水準引き上げ。	☑要改定 水準引き上げ。	□要改定
□正社員より低水準　　☑なし	□正社員より低水準　　☑なし	□正社員より低水準　　☑なし
□要改定	□要改定 裁判，他社事例を待つ。	□要改定 裁判，他社事例を待つ。
□正社員より低水準　　☑なし	□正社員より低水準　　☑なし	□正社員より低水準　　☑なし
□要改定	□要改定	□要改定
□正社員より低水準　　□なし	☑正社員より低水準　　□なし 上限10,000円	☑正社員より低水準　　□なし 上限10,000円
□要改定	☑要改定 上限50,000円に改定	☑要改定 上限50,000円に改定
□正社員より低水準　　□なし	☑正社員より低水準　　□なし 月4,500円	☑正社員より低水準　　□なし 月3,000円
□要改定	☑要改定 月6,000円に改定	☑要改定 月6,000円に改定

同一労働同一賃金に基づく処遇改定方針書（記入例）　2／2

当てはまる □ に ✓ し，ポイントを記載

雇用間差異のある処遇項目	正社員（全国）	正社員（地域限定）
福利厚生施設（給食施設，休憩室及び更衣室など）	保養施設利用規程あり。 □要改定	保養施設利用規程あり。 □要改定
慶弔休暇，健康診断時の扱いなど	慶弔休暇1〜7日。 □要改定	慶弔休暇1〜7日。 □要改定
病気休職	就業規則に基づく。 □要改定	就業規則に基づく。 □要改定
教育訓練など	階層別・部署別研修を実施。 □要改定	階層別・部署別研修を実施。 □要改定
その他（　　　　　）	□要改定	□要改定
その他（　　　　　）	□要改定	□要改定
その他（　　　　　）	□要改定	□要改定
その他（　　　　　）	□要改定	□要改定

上段：現状　　下段：改定方針

定年後嘱託社員	契約社員	パート社員
□正社員より劣る	☑正社員より劣る	☑正社員より劣る
	保養施設利用規程なし。	保養施設利用規程なし。
□要改定	☑要改定	☑要改定
	正社員の利用規程を適用。	正社員の利用規程を適用。
□正社員より劣る	☑正社員より劣る	☑正社員より劣る
	慶弔休暇1～4日。	慶弔休暇1～4日。
□要改定	☑要改定	☑要改定
	慶弔休暇を正社員に合わせる。	慶弔休暇を正社員に合わせる。
□正社員より劣る	☑正社員より劣る	☑正社員より劣る
	規程が不明確。	規程が不明確。
□要改定	☑要改定	☑要改定
	正社員に合わせる。	正社員に合わせる。
☑正社員より劣る	☑正社員より劣る	☑正社員より劣る
何も実施していない。	入社時研修のみ。	何も実施していない。
☑要改定	☑要改定	☑要改定
再雇用時研修を実施する。	部署別研修を実施する。	パート社員研修を実施する。
□正社員より劣る	□正社員より劣る	□正社員より劣る
□要改定	□要改定	□要改定
□正社員より劣る	□正社員より劣る	□正社員より劣る
□要改定	□要改定	□要改定
□正社員より劣る	□正社員より劣る	□正社員より劣る
□要改定	□要改定	□要改定
□正社員より劣る	□正社員より劣る	□正社員より劣る
□要改定	□要改定	□要改定

【著者紹介】

山口俊一（やまぐち　しゅんいち）

㈱新経営サービス　常務取締役　人事戦略研究所所長

人事コンサルタントとして25年超。約500社の人事・賃金制度改革を支援してきた人事戦略研究所を立ち上げ，現在に至る。一部上場企業から中堅・中小企業に至るまで，あらゆる業種・業態の人事制度改革コンサルティングを手掛ける。

著書に『社員300名までの人事評価・賃金制度入門』『業種別人事制度③商社・卸売業』『業種別人事制度⑥運輸・物流業』『3時間でわかる職種別賃金入門』『成果主義を自分の味方につける法』『成果主義人事入門』『同一労働同一賃金で，給料の上がる人・下がる人』がある。

同一労働同一賃金.com（https://douitsu-chingin.com）で，最新情報を提供中。

3時間でわかる
同一労働同一賃金入門

2019年9月10日　第1版第1刷発行

著　者　山　口　俊　一
発行者　山　本　　　継
発行所　㈱中　央　経　済　社
発売元　㈱中央経済グループ
　　　　パブリッシング

〒101-0051　東京都千代田区神田神保町1-31-2
電話　03（3293）3371（編集代表）
　　　03（3293）3381（営業代表）
http://www.chuokeizai.co.jp/
印刷／㈱堀内印刷所
製本／㈲井上製本所

ⓒ 2019
Printed in Japan